Nuestros males

son nuestra

HISTORIA

CHRISTIAN FLÈCHE

Nuestros males
son nuestra
HISTORIA

EDICIONES OBELISCO

Puede consultar nuestro catálogo en www.edicionesobelisco.com

Colección Salud y Vida natural
Nuestros males son nuestra historia
Christian Flèche

1.ª edición: febrero de 2025

Título original: *Nos maux sont notre histoire*

Traducción: *Susana Cantero*
Maquetación: *Marga Benavides*
Corrección: *Sara Moreno*
Diseño de cubierta: *Enrique Iborra*

© 2023, Leduc Éditions, 76 Boulevard Pasteur, 78015, París, Francia
Derechos de traducción del castellano negociados a través de Abiali Afidi Ag.
(Reservados todos los derechos)
© 2025, Ediciones Obelisco, S. L.
(Reservados los derechos para la presente edición)

Edita: Ediciones Obelisco, S. L.
Collita, 23-25 Pol. Ind. Molí de la Bastida
08191 Rubí - Barcelona - España
Tel. 93 309 85 25
E-mail: info@edicionesobelisco.com

ISBN: 978-84-1172-250-6
D P B 22390-2024

Impreso en España en los talleres gráficos de Romanyà/Valls, S. A.
Verdaguer, 1 - 08786 Capellades (Barcelona)

Printed in Spain

DEDICATORIA
Para tus padres

Dedico este libro a tu padre, tu creador, ese gran desconocido; a tu madre, tu creadora, esa gran desconocida, y a los míos, por el mismo motivo.

Se lo dedico igualmente a tus padres y madres simbólicos, a tus padres y madres espirituales, a tus padres y madres metafóricos, a tus padres y madres afectivos, a todas las transposiciones de padres que se han cruzado, se cruzan y se cruzarán en tu camino para tu edificación y tu florecimiento.

Pero, sobre todo, a tu padre interior, el que eres tú para ti mismo; a tu madre interior, la que eres tú para ti mismo. Esos que, desde siempre, te cuidan, de la manera más noble y más amorosa que hay, desde tu concepción, sin que tú lo sepas ni lo hayas sabido jamás.

¡Sí! Contémplate en el vientre de tu madre. ¡Sí! Admírate en el vientre de esa mujer con un hombre a su lado.

Mírate a través de tus ojos de madre y de padre, con amor, durante ese tiempo acuático. Acógete en ese momento crucial, entre todos, cuando por primera vez ves la luz y la luz te acoge igualmente. Abraza a ese bebé, acarícialo, háblale de tu amor, de tu alegría y de la confianza que tienes tanto en su futuro como en sus talentos. Guía su mano cuando, por primera vez, garabatea su nombre en letras de oro sobre un pergamino de nieve.

Transmítele tu sentido común, tu sabiduría, al igual que un guía, cuando avanza por la intrincada selva de su adolescencia. Ofrécele el fuego frío y caliente, el fuego del conocimiento y el fuego del amor. Con lo que sabes hoy, permítele extraer una lección de cada experiencia, echar mano de todos los medios de los que disponga y tener disponibles múltiples recursos. Permítele que fertilice todos sus dones, que se convierta en compañero de la vida y que sienta ese increíble privilegio de poseer un cuerpo y no a la inversa, ser uno poseído por su cuerpo.

Finalmente, en cada etapa de tu camino de conciencia, haz todo lo que tu corazón te diga que hagas o que no hagas, no escuches ninguna otra cosa más que a tu corazón. Sea cual sea tu edad hoy, tú lo has atravesado todo, todas esas cosas que hicieron tropezar a otros.

PRÓLOGO
Unas cuantas memorias impersonales

Escribir este libro, volverme hacia mi pasado, dejar que se despierten en mí recuerdos diferentes de los que se trabajaron en terapia, es una experiencia que no me esperaba. De verdad que no. Durante la terapia, los acontecimientos que vamos a buscar, mayoritariamente, son los traumáticos. Aquí, para la redacción de este libro, de lo que se trata es de ir hacia los acontecimientos que tuvieron sentido (da lo mismo: positivo, neutro o negativo) y que orientaron mi vida hasta llegar a la creación de la descodificación biológica de las enfermedades.

Al dejar que afloren todos esos momentos que descuellan en el paisaje pasado, constato que son ellos los que han creado el ser humano que soy hoy. Es evidente que si hubiera pasado por otras experiencias, no estaría en la casa que ocupo, no ejercería la profesión que es la mía, no tendría a esta mujer a mi lado. Se trataría de otra historia, de otro hombre, de otra vida con otras enfermedades. ¿Tendría, incluso, los hijos que tengo? Seguramente no.

Estando en un concierto de David Crosby en el Olympia de París, le oigo presentar su nueva canción:

«Esta canción habla de mí. Si vosotros hubierais tenido mi vida, la habríais escrito vosotros. Espero que os guste tanto como me gusta a mí».

… Yo creé la descodificación biológica. Si vosotros hubierais tenido mi vida, mi pasado, mis experiencias, mis padres, la habríais creado vosotros…

El ser humano que soy, con el estado de conciencia de hoy y sus actividades, sus creencias y sus conductas, es consecuente con todos sus acontecimientos pasados y está determinado por ellos. Se me muestra como algo evidente que tal drama, tal gozo o tal encuentro me empujaron hacia tal o tal otra dirección. ¿Quiénes somos nosotros sin la historia? Nadie. Nada. La historia determina y predetermina el sentido que tenemos de nosotros mismos. ¿Qué queda fuera de la historia?

He aquí mi vida, mi historia, *mis memorias impersonales.*

Emociones, pensamientos, actos.

Emociones, pensamientos, actos. ¿Define eso quién eres realmente? No. ¿Por qué?

Porque nadie decide sentir una emoción o no sentirla. Si ése fuera el caso, ¿quién, entre nosotros, decidiría sentir la desesperación, la rabia, el terror, el odio o el dolor? ¡Yo no!

Elegiríamos experimentar, presumo, la serenidad, la alegría, la ternura, la diversión o la relajación, por ejemplo.

Asimismo, no podemos decidir pensar en tal cosa o no pensar en ella.

Prueba, a ver: decide ahora tu próximo pensamiento…

¿Somos realmente y siempre nosotros mismos quienes decidimos hacer o no hacer tal cosa? Eso se decide solo, se decide en el interior de ti, de mí.

Sí podemos, no obstante, decidir hacernos conscientes.

TRES EXPERIENCIAS INAUGURALES

«Ahí donde estuvo ausente el amor,
ahí aparece el sufrimiento».

Ciertas experiencias de nuestra vida no tienen aparentemente ningún punto en común. A veces, incluso, tienen lugar con lustros de intervalo, diez, veinte años. No obstante, cuando las colocamos bajo una misma mirada, el hacerlo provoca en nosotros algo nuevo: la aparición de un sentido que estaba oculto para nosotros. Un momento de nuestra vida se ilumina con un sentido que, aun estando presente, estaba escondido para nuestro entendimiento.

Esto es cierto en lo que atañe a nuestras enfermedades y nuestras dificultades: en presencia de un drama pasado, casual, se iluminan de modo natural, adquiriendo sentido. Se muestran, con evidencia, como resultado de aquel. «Estoy sordo desde que me gritaron con desprecio».

Así, cada una de nuestras dolencias, más que hablar de nuestra historia, es nuestra historia encarcelada en la materia del cuerpo. Esto fue lo que me reveló a mí la descodificación biológica. Esto es lo que les ofrece a cada mujer y a cada hombre que sean aventureros de sus propias profundidades.

Otro tanto ocurre con los acontecimientos positivos; los tres acontecimientos que vais a leer, cuando se yuxtaponen, revelan el mismo deseo, la misma pulsión: «¿Qué es lo que está oculto y hace posible lo que vemos?, ¿lo que vivimos?, ¿lo que padecemos?…».

Primera parte: tengo 3 años

Qué cariño le tengo ya a mi nuevo peluche. Un tierno osito. Date cuenta: habla. No me creo lo que oyen mis oídos. Mi alegría, por oleadas, revienta, ligera, chispeante. Mi alegría me cosquillea el interior, risueño. Procuro reproducir ese sonido que se escapa de él. Comprendo rápidamente cómo provocar ese ruido, su voz que me habla a mí, basta con girarlo: boca arriba, boca abajo, boca arriba, boca abajo, ¡pero no muy deprisa! Sí, moverlo con suavidad; qué gracioso. Ya no lo suelto. Sí, eso es ya el instinto de la propiedad. Es mío, es mi amigo. ¡Un pedazo de mí que estoy viendo!

Podría muy bien continuar así mi juego, quedarme satisfecho, pero no, yo quiero explorar hasta más lejos. Necesito descubrir de dónde viene su voz, el sonido. Hace unos días vi a mamá con una cosa útil para ahora. Estaba cortando tela con la cosa esa. Voy a buscarla, está en la cocina en sus tareas y me presta sus tijeras sonriente. Entonces, con paciencia, yo voy cortando, como ella me indica, el hilo de costura de mi nuevo amigo marroncito, suavecito. Y, como una explosión lenta, de su herida sale una floración de algodón. ¡Qué felicidad! Qué éxtasis, cuando eso ocurre por primera vez. Esa cosa blanca guatada, ¿qué es? Eso blanco y sedoso de lo que está relleno el osito. Mamá se maravilla de que yo me maraville, pero lo que yo estoy buscando no es eso blanco. No me detengo en el algodón, que tal vez habría satisfecho a más de uno. El ruido, su voz… Por fin aparece una caja roja taladrada con agujeros.

Me estoy acercando al misterio, lo percibo. Estoy contento, pronto voy a saber. La caja redonda que tengo en mi mano rosa gira cien veces con el mismo efecto sonoro, yo río y río. Vacilo. ¿La abro para comprender de dónde viene ese ruido? Tengo la intuición de que, al hacerlo, ya no funcionará nunca más. Un poco frustrado, la vuelvo a colocar en el vientre de mi nuevo amigo y le pido a mamá que lo vuelva a coser.

—Mamá, ¿le puedes fabricar también una camisa blanca?

—Sí… Ya está.

—Me gustaría escribir su nombre con hilo.

—¿Y cuál? me pregunta mamá.

—Doctor Osito.

Lo cual queda bordado rápidamente y me alza a mí al colmo del orgullo.

Segunda parte: tengo 23 años

Una vida sin curiosidad y sin maravillarse es de un aburrimiento mortal. ¿Es realmente una vida?

Pasan veinte años, llevo puesta una bata azul en el quirófano de la Clinique Provençale de Aix-En-Provence. El doctor Ganascia, urólogo, vino hace un mes a reclutarme en la escuela, ¡antes incluso de obtener yo el título de enfermero! El osito está olvidado, pero algo de lo que había en ese modo de relación ha perdurado hasta ahora. En ese quirófano, estoy sujetando unos separadores. Las tijeras de costura se han transformado en bisturí, y yo estoy frente al misterio de los misterios: la Vida.

Al iniciar mi carrera sanitaria, tengo la legítima ingenuidad de creer que voy a conocer personas interesantes, generosas, buenas y deseosas de socorrer, prestar cuidados, sanar, aliviar... ¡Evidentemente! Sin embargo, no me espera nada de todo eso. Me encontraré con veterinarios que detestan a los animales, con abogados que no se interesan por la verdad, con médicos que tienen miedo a las relaciones humanas... Amarga desilusión.

De modo que, desde aquel día, tan sólo me interesarán los pacientes: ellos sí que hablan con verdad. Con el tiempo, descubriré que la proximidad de la muerte, la presencia del sufrimiento y el descubrimiento de la propia fragilidad son los que hacen más fácil que afloren el «ser auténtico» y la capacidad de no mentirse uno más a sí mismo. El miedo hace caer las máscaras. Un médico que ha estado enfermo, en lo sucesivo no volverá a ser el mismo con sus pacientes; ya no estará disociado y podrá entrar en relación.

Aquí estoy, inclinado entre dos universos: ¡el visible y el invisible!

En el corazón de ese quirófano, bajo la luz viva y cruda de las lámparas cialíticas, se expone el misterio infinito; el milagro de la vida está ahí, ofrecido a quien desee verlo a través de esa ventana de carne. Me veo como alguien infinitamente privilegiado por poder mantenerme inclinado por encima del misterio hacia el que han caminado errantes, frustrados, tantos seres antes que yo: místicos, científicos, artistas, filósofos, religiosos, astrónomos… Tantas mujeres y hombres, desde la Antigüedad, en busca de la clave. Sí, no tengo palabras para describir mi experiencia. Podría decirse que veo sangre y grasa cuyos colores se realzan bajo la luz blanca. Pero, en realidad, no se trata de eso.

Muy al contrario, me arrebata un vértigo, igual que alcanzar la cima de una montaña y de un golpe, de un solo golpe, encontrarse uno frente al infinito del mundo que se extiende por todos lados, perfecto en cada uno de sus detalles.

No, verdaderamente no conozco ninguna palabra que contenga ni una parte, siquiera ínfima, de esa experiencia: ¿vida, gracia, Dios, perfección, absoluto, inaudito?

No, nada de todo eso. Tengo la intuición de no estar percibiendo más que el vestíbulo, la antecámara de este misterio. Cada descubrimiento alimenta nuestra soberbia, nos da la ilusión de comprender, peor, ¡de saber! Luego, el instante de después nos vuelve a situar frente al inefable e inconmensurable misterio. ¿Cómo podemos creer que hemos penetrado ese misterio? ¿Cómo podemos creer que lo penetraremos algún día? ¡Qué locura! ¡Qué arrogancia! ¡Qué tontería!

De manera paradójica, para el hombre honrado, cada nuevo descubrimiento pone en evidencia la amplitud de su ignorancia.

Pero ¡qué bonito es eso! Esa contemplación que no busca elucidar, dominar o poseer. Al igual que el contemplativo frente a la puesta del Sol, en cuya luz vuelan cintas de estorninos, la primera vez que nada un niño, o incluso la eclosión de una mariposa, de una rosa, de un polluelo.

Después de todo, tengo 23 años. Soy enfermero de quirófano. No busco nada. No busco ni comprender ni pensar. Simplemente, veo. Veo el interior de ese hombre al que he conocido por primera vez hace unos días.

Vemos tan poco del otro. La fina película de la piel en algunas zonas, rostro, manos, cuello. El resto: ropa, la cultura del momento.

¿Nuestras palabras? Dicen tan poco de nosotros; unas cuantas convenciones, lo que tiene que oír el otro para que yo me sienta en relación.

Esa fascinación continúa acompañándome en ese quirófano durante nueve meses. Pero estoy cansado de ese ambiente médico, no me siento a gusto, este universo no es el mío.

Prefiero escuchar a esa anciana aturdida de placer contándome que han venido sus nietos, a esa muchacha que habla de su primer novio, a esa adolescente que rememora sus escapadas y sus sueños en juncos orientales, a ese anciano viticultor tan sincero que me habla de su descubrimiento de la Coca-Cola. Desde ese momento, ya no bebe vino, «¡la Coca está por encima de todo!».

Sé desde siempre que cada ser humano es un universo entero, es decir, único, diferente, con un increíble tesoro escondido. Sobre eso no tengo duda alguna. Pero a los que se creen ricos no los soporto. No puedo seguir trabajando más entre sus conversaciones, me ahogan y me aburren. Presento mi dimisión.

Tercera parte: tengo 35 años

Pasan volando doce años, aquí estoy frente a una mujer joven diagnosticada de esclerosis múltiple. Viene de Nevers, su hermano es amigo del mío. Viene para curarse, no por otra cosa, quiere intentarlo todo.

—¿Desde cuándo están presentes tus síntomas?

—Tres años.

—¿Se produjo alguna contrariedad motora? ¿Te has sentido tironeada entre dos movimientos? ¿Ir a la derecha e ir a la izquierda? ¿Sabes?, es algo así como si tu cerebro diera dos órdenes contrarias.

Para ayudarla no a comprender esto, sino a sentirlo en ella, le ordeno con vehemencia que se levante. Empieza a hacerlo e, inmediatamente, con la misma voz imperiosa: «No, no, siéntate».

Cosa que ella hace, pero inmediatamente la interrumpo:

«Pero si te he dicho que te levantes».

Capta inmediatamente de lo que estoy hablando.

Eso es, dos órdenes contrarias con la misma intensidad, la misma orden: levántate, siéntate.

«¡Sí, por supuesto!» empieza a decir… La emoción ya le asoma al rostro. «Me… Me…».

De pronto, me doy cuenta de que me va a confiar una palabra que no ha compartido nunca con nadie, y eso es lo único que me interesa.

«Estoy enamorada de un hombre casado. Soy feliz y a la vez estoy frustrada. Solo podemos estar juntos los martes y los jueves por la tarde, a veces también los domingos por la mañana, porque él le dice a su mujer que va a los entrenamientos de tenis. Y el resto del tiempo, yo estoy sola esperándole. Soy joven, estoy desperdiciando mi vida. Tengo un trabajillo, sé que en París tendría un trabajo estupendo. Me realizaría. Como dices tú, una parte de mí quiere ir hacia él y la otra hacia París.

—Así, en síntesis, y si te estoy entendiendo bien, tus músculos reciben dos órdenes contrarias, opuestas, y por supuesto no pueden acatarlas al mismo tiempo. Eso es, para mí, en mi manera de trabajar, lo que quizá ha provocado tu enfermedad motora, la esclerosis múltiple.

En efecto, ella está sometida a una doble coerción: si me voy a París, me alejo de él, y le quiero y voy a sufrir, le voy a echar de menos. / Si me quedo donde estoy, desperdicio mi vida.

Pasan unas semanas y su hermano le cuenta al mío:

«Ha dicho el neurólogo que estaba curada, que ya no necesitaba sus tratamientos». ¡Sorpresa!

Me entero de que le ha dado un ultimátum a su amante: «O haces tu vida conmigo, o te dejo. Prefiero sufrir un gran golpe, asumir el riesgo de ser infeliz por algún tiempo mejor que estar constantemente cortada en dos y sufrir durante toda mi vida».

Ella sabe muy bien que, sea cual sea la decisión que tome ese hombre, dejará de estar en ese estrés permanente, el estrés motor. Se unificará: estará totalmente consigo misma, ya sea con él o en París.

Ya no recuerdo qué decisión tomó él, pero sí sé que ella se curó.

Abrir el vientre de mi osito, el de los pacientes en el quirófano, encontrar en la historia inconsciente el origen oculto y probable de una enfermedad… La misma búsqueda, el mismo camino de explorador que transforma todo misterio en fascinación maravillada.

EL TIEMPO
DE LOS IMPREVISTOS

Los veinte primeros años de nuestra vida, por lo menos, son los más ricos en experiencias imprevistas, nuevas. ¿Se debe esto a nuestra disponibilidad, a nuestra lozanía? Sea como fuere, ciertos acontecimientos que pueden parecer anodinos para los demás, y que a veces no duran más que cinco minutos, se convertirán en determinantes, fundadores, estructurantes para todo el resto de nuestra vida y quizá incluso para nuestras vidas siguientes.

Así, nuestro día a día, nuestro hoy, es heredero directo de experiencias olvidadas, tan numerosas como otras tantas piezas de puzle que fueron creadas en diferentes edades de nuestra vida… para que por fin un día, tomando distancia, contemplemos su belleza única, su unidad y su origen.

¿Quién decide?

Tengo 15 años, no sé muy bien hacia qué rama profesional dirigirme. Al parecer, tengo la edad de decidir mi porvenir.

¿El futuro? Me importa un bledo, lo único que cuenta es el presente y lo que voy a hacer con mis colegas este fin de semana.

¿El futuro? Haciendo un gran esfuerzo, consigo proyectar ante mí el verano próximo, y eso también está muy difuso.

Lo que me parece realmente un despropósito es pensar en mi jubilación. Es que me río a carcajada limpia con eso.

La hora de la siesta, tibia e indolente, apacible, casi inmóvil, nos hace sitio en su nido: somos mi hermano mayor y único, Alain, y dos amigos suyos, Bill Loffabu y Toit-de-chaume.

Encontrar un oficio para mí es el tema del momento, es mi preocupación esencial, con el fin de evitar trabajar en la carpintería con mi padre; eso sería el horror de verdad.

«Realmente no sé en absoluto lo que me apetece hacer más tarde. No tengo ninguna idea y, no obstante, ¡tengo que decidir hoy lo que van a ser todos mis hoy por venir!… Duro duro».

Les cuento: «Un consejero de orientación me ha dicho que él me veía de medidor de cubicación. Por lo que comprendí, se trata de calcular los volúmenes de cemento y de arena necesarios para construir una casa. Todo esto, porque le dije que me gustaba mucho estar fuera. Ese trabajo no me dice nada».

Uno de los amigos de mi hermano reacciona inmediatamente: «Mi hermano es enfermero, siempre está seguro de encontrar curro».

En ese segundo muy preciso fue cuando se tomó mi decisión en mi interior. Una evidencia:

«Pues me voy a presentar al examen de ingreso a la escuela de enfermería. Hecho, ya he encontrado mi camino».

¡Error! Quien eligió esa profesión fue mi inconsciente. Más concretamente, una de mis antepasadas, años más tarde lo descubriré; esto incluso tiene nombre: la reparación transgeneracional.

Clémentine, mi bisabuela, tiene a uno de sus hijos, Marcel, aquejado de rubeola. Yo desconozco la causa, pero más tarde me contarán que no vino a ayudarla ningún enfermero o médico. El niño muere. Ella no consigue hacer el duelo de su hijo.

Su hija, mi abuela materna, ¿estará buscando resucitarlo en parte en el nombre de sus hijos? Marcel empieza con dos letras, «Ma», que significan la posesión.[1] Sus hijos se llamarán sucesivamente **Ma**deleine, mi madre, **Mi**chel (el excluido de la familia), Jean-**Mar**c, **Mar**yse, Marie-José, e incluso su marido se llama **Mau**rice.

---

1. «Ma» es, efectivamente, uno de los adjetivos posesivos del francés. *(N. de la T.)*

Ojalá hubiera venido un enfermero, o mejor aún, Cristo para resucitarlo, como está incluido mi nombre de pila, Christian: el salvador.

Mi presunta decisión profesional es en realidad una no-elección. La única verdad es que yo, en ese momento, me hago consciente de la decisión tomada por mí hace mucho, muchísimo tiempo.

En efecto, es erróneo decir «Yo decido». Más acertado sería admitir: «Soy consciente de esta decisión, de esta elección que aparece en mí. Pero se trata de una decisión de otro tiempo. Es la historia la que ha tomado la decisión por mí antes que yo, antes incluso de mi nacimiento».

En el momento de nuestra concepción, se nos entrega un sobre lacrado que nosotros aceptamos sin abrirlo, sin saber lo que contiene, sin conocer nuestro papel, el que seguiremos literalmente durante toda nuestra vida. ¡Asombroso! Firmamos un contrato sin leerlo…

El inconsciente tiene sus leyes, su lógica, su lenguaje. Ser libre es, en primer lugar, conocer esas leyes para, después, hacerlas evolucionar. Como escribió Schopenhauer: «El hombre es ciertamente libre de hacer lo que quiere, pero no puede querer lo que quiere».

Es la historia –la historia, otra vez– la que quiere, la que decide. Jung, a su vez, afirma: «Todo aquello que no aflora a la conciencia regresa en forma de destino»; y yo me permito añadir: «… en forma de síntomas, de enfermedades y de sincronicidad».

Si aceptamos la propuesta contenida en esta frase, podemos deducir de ella: «Lo que ha aflorado a la conciencia ya no regresará en forma de destino, de síntomas, de enfermedades, de sincronicidad, de azar y de mala suerte».

El hombre es libre no de hacer o de no hacer, sino de hacerse consciente. Haciéndose consciente es como se disuelve el destino para él y en él, desaparece, se volatiliza. Deja de manifestarse en él en forma de actos, de pensamientos y de *resentires*.[2]

---

2. Mantengo el término *resentir* porque es un concepto fundamental en la descodificación biológica: una emoción grabada en el inconsciente que aflora a la consciencia con la terapia (de ahí *re-sentir*, sentir por segunda vez). A pesar de la semejanza con el español, en ningún caso implica «resentimiento», «rencor» ni nada semejante. *(N. de la T.)*

Hablando en claro, yo no decido sentir perdón, pensar positivamente, hacer algún bien o crear salud. El «creer» es un señuelo basado en el esfuerzo. Es agotador y nunca funciona durante mucho tiempo. En cambio, sí descubro, sí me hago consciente de la historia, del esquema repetitivo, del mecanismo inconsciente que genera mis emociones, pensamientos y comportamientos que me ponen enfermo.

He aquí otro ejemplo: la señora X no sale de su depresión, a pesar de todos los psicólogos a los que ha consultado. Por más que se le diga: «No llores, hay gente peor que tú, sé feliz, haz un esfuerzo…», nada sirve, ella se siente mal desde la infancia. Hasta el día en el que encuentra un instante muy preciso, durante el cual su madre le dice: «Hija mía, mi pelea es que tú salgas de esa depresión, yo sólo vivo para eso. Después, me podré morir».

«¡Entonces, si me curo mato a mi madre!», concluye su inconsciente, y mantiene vivo el problema para mantener viva a su madre. Gracias a esta consulta tomó ella conciencia de esa frase y su depresión se transformó de manera natural.

En efecto, todo lo que no ha aflorado al consciente está ahí en forma de destino o de enfermedad. Pero ¿qué es lo que no ha aflorado? ¿De qué estamos hablando? Aquí se trata de la historia, de nuestra historia familiar, ¡como la de ese instante de duelo imposible entre Clémentine y Marcel!

Parece tratarse de una de las leyes del inconsciente, una ley universal de la que no se escapa nadie. Eso es lo que yo quiero descubrir: me veo como un rastreador en busca de las leyes de la vida.

Así, ¡yo tenía que ser enfermero para salvar al hijo de Clémentine, mi bisabuela! El día en que descubro esto, decido solucionar ese trauma transgeneracional, ese duelo no cerrado, en otro espacio que no sea el de mi vida. Yo en esa época no lo sé, pero lo siento: el tiempo no existe. Así pues, le pido a un amigo médico que me recete una vacuna contra la rubeola; con la vacuna en el bolsillo, me voy a París. ¿Adónde dirigirme? Miro un plano para elegir una estación de metro: la estación Saint-Marcel, que tiene el nombre de mi tío abuelo, me parece de lo más apropiada.

En ese martes primaveral por la mañana, salgo de la boca del metro Saint-Marcel, yo, el enfermero, el hijo salvador, provisto de esa vacuna tan esperada, con el fin de vacunar a ese niño, mi tío abuelo. Pero ¿dónde encontrarlo? Echo a andar y, enseguida, me encuentro frente a la inmensa puerta de un museo. Entro y sorpresa: ¡un museo lleno de esqueletos! Dinosaurios procedentes del pasado. En medio de todo ese pasado está escondido mi tío abuelo.

Esto lo aprenderé también con el principio de sincronicidad: todo, a nuestro alrededor, es respuesta, todo es atinado. Cuando entras en el movimiento de la vida, igual que otros se zambullen en la deliciosa agua de un río, sin oponer resistencia, el universo entero conspira contigo. Todo está en orden perfecto, puesto que está en su sitio.

En ese museo, decido, pues, vacunar a Marcel y abandonar mediante ese acto mi papel de reparador, digámoslo: de *«salvador transgeneracional»*. Me dirijo hacia los grifos de los aseos y, en conciencia, mentalmente, imagino que estoy vacunando a Marcel mientras vacío la vacuna en el lavabo.

En conclusión, muchas veces confundimos el momento de toma de decisión inconsciente con el momento de toma de decisión consciente. Son dos momentos distintos. El más antiguo, la toma de decisión inconsciente, es un momento que programa y que espera pacientemente otro momento desencadenante de esa decisión. Yo lo llamo la toma de decisión consciente. Es el instante en el que ese programa baja al interior de la materia, a lo visible. Al igual que en el teatro, un hombre inventa una historia y otro la interpreta.

Quedamos transformados en actores dóciles que interpretan emociones que no son las nuestras, una vida que no es la nuestra, una pareja que no es la nuestra, un drama que no es el nuestro, una enfermedad, una profesión…

La invención de la descodificación biológica

Decir que yo *creé* la descodificación biológica no se corresponde con la realidad. Fue algo que me atravesó y sigue haciéndolo. Yo soy el espectador de lo que se desarrolla a través de mí.

¿He decidido yo algo? No, nunca. Todo lo más, he respondido «¡presente!».

Tú mismo, ¿puedes afirmarme que has creado tu vida, tu oficio, tu casa, tu pareja, o más bien los has recibido? Si eres tú el creador, ¿por qué la mayor parte del tiempo te estás quejando? ¿Y qué estás procurando cambiar?

Por supuesto, yo no tenía ninguna premonición de que iba a crear una nueva forma de terapia breve genérica; tardé más de veinte años en darme cuenta. Fue una mañana, abrí los ojos y, no sé por qué, pero ¡me di cuenta de que había creado desde cero algo nuevo, funcional y completo! Tardé tiempo en absorber esa información. Nunca he hecho más que lo que me parecía evidente y fácil: escuchar, reflexionar, escribir, dar forma y difundirlo.

Con la perspectiva, aquel día se me apareció todo, vi lo que veían otros. Al igual que el pintor que se aleja de su lienzo y que repentinamente lo ve por primera vez: «¡Ah, no está nada mal! ¡Asombroso!».

Una mañana, miré lo que había construido: 3 años de formación, más de 300 protocolos, 25 libros, 3 CD de metáforas terapéuticas, 20 folletos de formación, he formado a más de 15 profesores especializados en descodificación biológica, con un reglamento interno, 3 niveles de validación con una estructura, cuestionarios para cada nivel: *bio-bases, conflictología, intuición y creatividad, cómo hacerse terapeuta y por qué seguir siéndolo, trastornos del comportamiento, estructura del cambio, proyecto-sentido, creencias, predicados...*

Todo este material con el fin de aprender a descodificar, a poner sentido en todas las enfermedades físicas, mentales, psiquiátricas, los oficios, los nombres de pila, los pasatiempos, el deporte, el camino místico, el lenguaje (los predicados), los gestos, los ruidos del cuerpo... para transformar los problemas en lecciones.

Nuestra libertad es descubrir que estamos programados

Si me hubieran contado todo esto en 1993, no me lo habría creído y habría salido corriendo. Fue un trabajo titánico.

Muchas veces me preguntan de dónde saco el tiempo para escribir tantas cosas. ¿En qué plano de realidad deseas una respuesta?

- Porque me complace escribir.
- Porque no tengo televisión y, por consiguiente, no pierdo el tiempo frente a informaciones que, en su mayoría, habré olvidado mañana.

- Porque estoy bastante bien organizado, tengo una relación muy particular con el tiempo. Sé exactamente en qué punto estoy en el tiempo, lo mismo que un taxista que, a su vez, sabe dónde se encuentra en el espacio. Sé en qué momento de la jornada estamos, de cuánto tiempo dispongo, si estoy en una sala de espera, en un avión; si dispongo de cinco minutos, media hora o tres horas. Gracias a mi conciencia del tiempo, adapto mi actividad en función de éste.
- Porque se me ha condicionado para estar siempre activo.
- Mi padre estuvo toda mi infancia persiguiéndome, comprobando a cada instante que estaba ocupado en algo útil, que estaba trabajando y que nunca estaba ocioso. Ignoro por qué esa generación le tenía tanto horror a la pereza, que, por el contrario, hoy día es un valor supremo.
- Los niños tienen dos opciones: o bien imitan a sus padres y se someten a ellos, o bien hacen exactamente lo opuesto. Así, mi padre, mediante el miedo, me condicionó a tener que estar constantemente moviéndome, haciendo algo. A veces entraba repentinamente en mi habitación y, si yo estaba leyendo, o en las nubes, me regañaba e incluso, a veces, me llevaba a trabajar con él a la carpintería. El peor de los castigos.
- Porque tengo «el programa». Si tú tienes el programa de escribir canciones, las escribirás por toneladas sin darte cuenta; si es el de viajar, te comerás kilómetros sin darte cuenta; si es el de cambiar de compañeros/as sexuales, eso se hará a tu pesar; y si es el de ganar dinero, éste vendrá a ti como por ensalmo. O tienes el programa o no lo tienes. Si estás frustrado, es que no tienes el programa que desearías tener (¡o que tienes el de tener que estar frustrado!). Es así. Y yo tengo el programa de crear, así que creo. De ayudar, así que ayudo. De cuidar, así que cuido. De enseñar, así que enseño. El mejor inhibidor sigue siendo el de tener el programa inconsciente de esterilidad. No podríamos generar un conflicto si el programa de ese conflicto no estuviera ya en nosotros.
  Entonces comprendí que uno de mis programas se llama:

«Vienen a buscarme»

Estamos en 1980, yo tengo 23 años, y el doctor Ganascia entra en nuestra clase. Todos los alumnos de enfermería que somos escuchan atentamente al cirujano; vamos a pasar las pruebas para convertirnos en enfermeros dentro de unos días. Este médico está buscando un enfermero recién graduado para poder formarlo como ayudante de quirófano. Yo levanto la mano y me ficha: vienen a buscarme incluso antes de obtener el título.

Otra ilustración con Giorgio, uno de mis pacientes, que viene en 1997 con un diagnóstico de cáncer de las vías biliares; rechaza cualquier forma de tratamiento, no tiene confianza en la medicina: «Se acaba de morir mi primo a resultas de un cáncer digestivo después de que los médicos le hicieran una carnicería; el tratamiento le provocó un final de vida atroz que yo no quiero tener. Prefiero morirme sin tratamiento mejor que con encarnizamiento terapéutico».

En esa época, lo acepto como paciente, cosa que hoy ya no haría. Viene regularmente de Italia durante más de un año, desmonta su historia conflictual familiar, identifica su ira y se siente sanado. Le obligo a ir a consulta médica para verificar su sanación física; durante un año, se opone; trabajo su miedo a la medicina y finalmente acepta ir a hacerse unas pruebas al hospital. Regresa y me dice: «El informe subraya "imagen dentro de los límites normales bajos". Está curado. Dado que él es terapeuta de medicina china, excelente terapeuta y hombre de corazón, con dotes, decide unirse a mis cursos de descodificación para practicar lo que ha experimentado como paciente.

Con el fin de darme las gracias y de difundir lo que puede ayudar a otras personas, un día llega a la clase con un libro que acaba de escribir. En él presenta las bases de lo que aprende en mis talleres. En aquella época, se trataba esencialmente de los descubrimientos del doctor Hamer. Dado que ha utilizado mis clases para redactar su libro, me pide que lo revise y que lo firme como coautor. Yo estoy cansado, estamos al final del fin de semana, pero deseo apoyarle en su buena intención; al término de la jornada, me tomo media hora para releer rápidamente su opúsculo. «Está muy bien, ¡bravo, Giorgio!». Insiste para que yo lo firme como coautor. Inicialmente me niego, es el trabajo de Giorgio y del doctor Hamer, yo no tengo nada que ver, lo único que he hecho es darle forma; después cedo a su insistencia, pero con una condición. «El trabajo de escritura es tuyo, Giorgio, así que, si lo firmo como coautor, es con pseudónimo. Además, se trata sobre todo de las ideas del doctor Hamer y yo ya estoy empezando a alejarme de ellas. Dudo de algunas de sus afirmaciones, de modo que no quiero asociar en las mentes mi nombre al suyo». ¿Qué pseudónimo? Elijo los nombres propios ocultos de mi hijo Damien. Damien es ya el nombre del patrón de los médicos. Buen inicio. Por otro lado, mi hijo tiene otros dos nombres de pila: Jean y Séraphin, nombres puestos en un arranque de misticismo (Juan el evangelista y Serafín de Sarov). Jean Séraphin será, pues, el pseudónimo con el que acepto publicar en las maravillosas ediciones Amrita el libro *La médecine sens dessus dessous, et si Hamer avait raison?*

Una vez más, vienen a buscarme para que firme un libro que no he escrito.

Pero la historia no se detiene ahí. La editora italiana, Daniella, una mujer excepcional, le propone a su amigo el editor francés Yves Michel, que se traduzca y se publique esta obra. Pero Yves, consciente de que se trata de un concepto nuevo y prometedor, tiene otras ideas en la cabeza: publicar un libro radicalmente nuevo, más completo. Me llama por teléfono para pedirme que le escriba un libro. ¡Él, que recibe y rechaza libros a diario, me pide que escriba! Para poder aceptar, le propongo que nos conozcamos en persona.

Inmediatamente me cae bien, me seducen su amabilidad y su conexión con la naturaleza. Hablamos de música, de rock, de King Crimson, de Graeme Allwright… La corriente va fluyendo en torno a los mismos valores. La conversación retorna al proyecto del libro:

«Entonces, ¿aceptas firmarme un contrato para la escritura de un libro, Christian?».

Le contesto a bote pronto: «No. Te voy a escribir seis». Porque, sin haber iniciado uno solo, a mi mente se le presentan claramente seis temas, seis temas para abordar lo que yo hago desde seis perspectivas diferentes, complementarias:

- científica: los cimientos (éste será el primer libro: *Mon corps pour me guérir);*

- los vínculos existentes entre enfermedades y emociones (el segundo: *Encyclopédie*);
- poética: una novela-descodificación (el tercero: *Le Roy se crée*);
- lo que crea y mantiene activo el conflicto: las creencias (el cuarto: *Croyances et thérapie*);
- ¿qué hacer?: técnicas terapéuticas (el quinto: *Protocoles de retour à la santé*);
- los vínculos espirituales que hay entre la descodificación y la Biblia (libro no escrito a día de hoy).

Esta idea me ha acompañado siempre: decir lo mismo a través de múltiples lenguajes. Lo que no comprendemos mediante un discurso intelectual será a veces más accesible en la forma de un esquema o de una metáfora, de un cuento o incluso de una película.

Yves, divertido por mi reacción, prepara un contrato para seis libros. Yo escribiré más de veinte. Me queda el tema espiritual por escribir algún día, ya existe un embrión: *El Evangelio bajo la mirada de las leyes biológicas.*

Mi nuevo amigo y editor pasa la noche en casa, o más bien en el jardín, en un saco de dormir bajo las estrellas. Lo vuelvo a ver al día siguiente por la mañana, después de que haya recogido unas cuantas plantas silvestres para prepararse un desayuno hecho con su cosecha de lo más natural…

Una vez más, vienen a buscarme, yo no he tenido que hacer nada, la cosa «se ha hecho».

Mis libros se traducen al español, maravillosa tarjeta de visita para darse a conocer más allá de los Pirineos y allende el Atlántico. Un correo electrónico de un tal Corbera me invita a presentar la descodificación biológica a sus alumnos de Barcelona. Viene a buscarme en 2008.

En 2009, voy andando por la calle, en París, y suena el teléfono:

—Buenos días, me llamo Catherine y le llamo desde Colombia, me gustaría organizarle unos seminarios aquí, con dos amigos, Claudio y Alejo.

—Sí, por supuesto –acepto yo con excitación. Me encanta la novedad.

La mencionada Catherine me invita después a México. Es francesa y vive en Ciudad de México desde hace años. Además, descubriré que ya es terapeuta de constelaciones familiares y una excelente formadora, y que conoce a personas estupendas por todo el mundo. En México conozco a una persona excepcional: Roxana, terapeuta de múltiples talentos y que reside en un país muy pequeño y muy mágico: ¡Costa Rica! Para mí la cuestión era realizar un sueño de siempre: ver la naturaleza y los animales salvajes de Costa Rica. Me invitan a ir allí, ¡esto está más allá de mis esperanzas y de mis sueños más locos!

Cada país, así, abrirá las puertas de otro.

Vienen a buscarme una vez más, y yo no tengo que hacer más que una cosa: decir «¡sí, presente!» y hace lo mejor que pueda.

Estas propuestas de viajes me dan la deliciosa impresión de regresar al club filatélico de mi infancia.

Tengo 9 años cuando acompaño a mi hermano por primera vez a ese club, la cosa es buscarme una ocupación para el jueves, que en esa época era día sin colegio. Heme ahí, en una habitación polvorienta, ¡con unos «viejos» que miran con lupa si sus sellos han conservado más dientes que ellos! Un sello desdentado pierde, en efecto, mucho valor. Me apasiono por esos dibujillos que para mí son ventanas abiertas al mundo. Recuerdo aún aquel sello de Tahití, vuelvo a ver el cocotero que se inclina lascivamente hacia las olas espumeantes, aquel avión libre en el cielo, aquellos monumentos rusos… como las primicias de lo que será mi vida. En ese momento lo ignoro, ni siquiera puedo creerlo. De hecho, a esa edad, estoy ya allí, oigo el ritmo lento de las olas tahitianas, contemplo las cúpulas de la plaza Roja… ¡Vuelo!

¡Hasta las ediciones Leduc, editoras del libro que tienes en la mano, vienen a buscarme!

La historia se repite, ¿por qué desdeñarla? No buscar por qué, sino responder «¡presente!», ése es para mí el secreto. En fin, lo que es verdad para mí no es una ley o un principio que tenga que seguir todo el mundo. Esto forma parte de mis programas y de mi estructura. El error sería, como siempre, generalizar: lo que es verdad para mí lo es forzosamente para la tierra entera.

Pues no, en absoluto. Lo que es verdad para ti es verdad para ti, y hasta este día.

En lo que a mí respecta: al margen de mi voluntad, vienen a buscarme.

El origen de los programas

En cierto modo, yo nací antes de los dinosaurios. La primera que me descubrió fue Clémentine, mi bisabuela. Otros, después de ella, ciertamente atisbaron fragmentos de mí.

Clémentine, mi bisabuela, es tan importante, tan amable conmigo. Cuando me mira, yo existo sin tener que hacer nada de nada, libremente.

El reverso de la moneda de este vínculo, como de cualquier vínculo fuerte, es tomarlo todo, todo, sin cribar nada. ¡Yo digo «sí» a todo! La yaya es amable, así que todo en ella es bueno, me como con un mismo apetito sus tortillas con harina y las cáscaras de huevo que se le han quedado en el interior. En una ignorancia total, mi inconsciente se conecta con el suyo y carga con (se descarga de la red) los dramas de su vida, la muerte de Marcel (una cáscara de huevo). Sin saberlo, debido a nuestro fuerte vínculo, yo voy a querer resolverlos, y para ello, ¿qué hacer? Provocar y vivir yo los mismos dramas.

Escándalo: firmo el contrato sin haberlo leído. Como hace todo el mundo.

Tomemos un ejemplo imaginario: tu abuelo, de niño, fue abandonado por sus padres. Crece, se casa; después, un día, vienes tú al mundo. Él te quiere mucho, es paciente, solícito. Al ir creciendo, después de su muerte, cuando aparentemente todo va bien en tu vida, tú, sin comprender la causa, te sientes abandonado. Por supuesto, tú utilizas otras palabras, tienes la impresión de ser rechazado, de estar solo, de carecer de interés. En cuanto tienes pareja, surge la obsesión de ser abandonado. «No, mi amor, te lo juro, yo nunca te abandonaría». No obstante, el otro no te ha pedido nada, no tiene tu historia, quiero decir la de tu abuelo. Y tu solicitud le aburre.

Estos programas, compréndelo, están en tu interior. Filtran el universo antes de que lo percibas tú; ¡los programas son unos tiranos que te manipulan! Atraen situaciones que están en coherencia con ellos. Tú tienes que vivir lo que ellos han decidido para ti, y esto a veces incluso antes de tu concepción.

Nosotros somos la marioneta, víctima o héroe, de nuestro inconsciente, es decir, de nuestro pasado; en fin, de todo lo que no hemos aceptado, asimilado, de nuestra historia. Como los grumos de la harina.

Sin conflicto no hay enfermedad.

Sin programa no hay conflicto.

Un acontecimiento se comprenderá a la luz de otro posterior

Descubro que diferentes eventos de mi vida, cuando se encuentran reunidos, se iluminan mutuamente. Me cuentan algo inédito, algo que ignoraban y no podían transmitir estando aislados. Marc Fréchet[3] me enseñó que todo acontecimiento cobra un sentido en presencia de otro acontecimiento distante en el tiempo.[4]

He aquí un ejemplo: una paciente, la señora X, tiene un vientre enorme, ascitis y cáncer de peritoneo. Está aterrorizada. ¿Qué hay que comprender? ¿Cómo llegar a encontrarle sentido a esto? Tiene 47 años. A los 27 años, veinte años antes, está embarazada, y la cosa va mal, el niño está en peligro, ella está aterrorizada por lo que pueda pasar dentro de su vientre. A los 7 años, otros veinte años antes, sale del quirófano con una herida en el vientre, a resultas de una apendicectomía, y no hay nadie que le explique lo que le han hecho. «¿Qué me han metido en el vientre? ¡Tengo miedo!».

Estos tres acontecimientos son tres miedos por su vientre. Ponerlos en contacto, gracias a los ciclos biológicos memorizados, le permite a esta mujer darle un sentido a su síntoma y soltar el estrés relativo a éste de hoy (47 años) que no es sino el eco del primer drama de los 7 años.

Ésas son las carambolas de la vida.

---

3. Uno de los tres inspiradores directos en la creación de la descodificación biológica de las enfermedades, junto con M. Erickson y G. Hamer.

4. Explicar es conectar dos cosas que no lo están espontáneamente, hasta que aparezca un sentido procedente del interior, un fogonazo.

He aquí otro ejemplo de esa causa/efecto:

Es viernes y voy a la fiesta de fin de curso de mi hija, que está en preescolar. Una de sus amigas de la clase vomita. Espontáneamente, todos le buscamos un sentido a su estado. Sus compañeras, el profesor y los padres presentes se interrogan: ¿por qué? ¿Ha comido algo malo? No. Es la única que vomita y todos los niños han tenido el mismo almuerzo del comedor. En cambio, hoy, en esa fiesta de fin de curso, están presentes todos los padres. La niña, por su parte, sólo tiene ojos para su mamá. Lleva meses preparándose para ese día. Se aplica en su recitación cantada cuando, por casualidad, yo observo a su mamá que señala su reloj con el dedo y le dice adiós con la mano. La niña desfallece, la niña palidece, la niña se queda blanca y vomita. No acepta esa situación, la rechaza igual que rechaza su comida.

Así, en terapia surge un sentido que procede del interior y no del terapeuta, y uno acepta lo inaceptable. Lo incomprensible se comprende cuando aparece un sentido, nos conviene y nos convence. No es vano, sino que vence y nos tranquiliza.

Una explicación, al igual que una interpretación, significa: conectar una cosa con otra entre numerosas posibilidades. ¿Cuáles? ¿Cuál?

La niña vomita porque:

- ha cogido frío;
- se trata de una intoxicación alimentaria;
- está estresada por cantar delante de todo el mundo; tiene miedo escénico; se desvaloriza; vomita para no tener que recitar el segundo texto;
- está contrariada por ver a su madre marcharse; de ello deduce que su madre no la quiere;
- vomita porque su madre, de niña, vomitaba en cuanto se estresaba, etcétera.

Ya no contabilizo los modelos de comprensión que se han cruzado en mi camino desde hace treinta años: astrología, numerología, eneagrama, transgeneracional, feng shui, medicina tradicional china, geobiología, constelaciones familiares, vidas anteriores... De todas maneras, siempre ha habido dentro de mí un espacio de duda: «¡Ah, sí! ¡Es interesante lo que dices! Recojo la idea en un 80 por ciento, en un 50 por ciento, un 10, 0».

Como dice mi amigo Salomon Sellam: «¡Con cada paciente hay que encontrar, para su problema, una teoría explicativa individual que funcione con él!». Sorprendente escribir esto en la presentación de este libro que iba a anunciar un modelo terapéutico. ¿No es esto buscarse uno su propia ruina? No lo creo. Es mantenerse humilde. Lo vivo siempre será más amplio que todas nuestras teorías.

La cuestión es permanecer abiertos, y sobre todo no imponer nada de nuestras verdades, es decir, de nuestras propias percepciones.

Después de todo, una verdad, por muy científica que sea y muy verificada que esté, no es más que un punto de vista reductor para el adulto que somos, que no es más que un niño de una madurez nueva que ha de venir.

La razón y la ciencia no son sino percepciones de la realidad entre una infinidad de otras. El peligro aparece cuando se toman a sí mismas en serio, es decir, cuando piensan que tienen la exclusividad de la percepción de lo real. Éste no soporta ninguna limitación conceptual, ninguna definición ni consignación en leyes.

La teoría no es otra cosa que un poner a distancia nuestra ignorancia para poder soportarla. Así, sabemos lo que sabemos y dejamos de lado lo que ignoramos. La teoría está sobre todo para tranquilizar al teórico. Está hecha para el teórico y no para el enfermo.

Lo que a mí me interesa no son las teorías, sino la salud de los enfermos, y su salud consiste para mí en hacer que emerja a la consciencia la historia inconsciente emocional, y crear nuevos aprendizajes.

Ninguna verdad dura

Un día, en medio del panteón de los dioses, el más soberbio afirmaba, sin pestañear ni sonrojarse, que todos los seres de la Tierra medían exactamente el mismo tamaño que él, presentándose como un modelo de perfección a seguir: Procusto era su nombre. Los demás se burlaron de él. Pero él, para validar su verdad frente a aquellos divinos burlones, bajó a la Tierra. Y allí, colmo del desengaño, constató que no él, sino todos los hombres, se equivocaban: algunos eran más altos y otros más bajitos, y los más sensatos tenían el mismo tamaño que él. Era menester reaccionar rápidamente con el fin de restablecer la justa verdad. Encontró una posada libre en la que instaló una cama a su medida. Preparó una sopa en la que ocultó un somnífero, y, no bien paraba un viajero en su posada, él le ofrecía su potaje. Rápidamente el viajero se sumía en una profunda somnolencia y Procusto lo tumbaba en la mencionada cama. A los más grandes, les cortaba la largura de los pies que se salían. A los demasiado pequeños, con un sistema de poleas y de elásticos, los alargaba durante su sueño artificial, con el fin de que a la salida de la posada todos tuvieran el mismo tamaño que él, Procusto, el metro patrón.

Esta historia la leí por primera vez en la pluma de Milton Erickson, es decir, mi maestro de pensar en el ámbito de la terapia y del que hablaré más adelante.

Estas pocas líneas tuvieron un profundo impacto en mí. Presentía yo que aquello hablaba de una verdad necesaria: no imponerle nuestras creencias a nadie, sea quien sea.

Estas líneas venían asimismo a hacer eco a otra frase, que mi madre, de voz dulce y muy lindamente ceceante, pronunciaba con tanta frecuencia. Cuando yo volvía del colegio y me quejaba, afirmando que tal compañero era realmente decepcionante o malo, invariablemente ella me mostraba las cosas con otro punto de vista: «A lo mejor tienes razón tú, Christian, y a lo mejor él tiene problemas, es infeliz en su casa. En todo caso, si él es así, es que hay buenas razones. Siempre hay otras explicaciones diferentes de las primeras que nos vienen».

Yo me quedaba callado, meditativo, sabiendo en el fondo que ella tenía razón. Este estado interno me ha acompañado siempre y me ha permitido no caer en «el conflicto de Procusto», es decir: imponerles nuestra verdad a los demás para mantener nosotros la nuestra, y mantener nuestra seguridad.

Así es como todo alumno, todo estudiante que inicia su formación en mi escuela, ya en el primer seminario, aprende este tremendo conflicto de Procusto con el fin de mantener vigilancia, humildad y apertura de mente durante toda su vida profesional.

Los hindúes descubrieron «el antídoto de Procusto» hace muchísimo tiempo; lo denominan la «Maya». Esta palabra sánscrita suele traducirse las más de las veces por «ilusión», lo cual no da cuenta de su sutileza. Yo prefiero otra traducción, «verdad, pero no durante mucho tiempo», que, a mi entender, corresponde a la mayor parte de nuestras situaciones de vida.

Pongo como ejemplo de esto una experiencia realizada en la montaña, durante la cual yo me estaba iniciando en el parapente con dos amigos, Patrick y Paco. Tras varios días de entrenamiento en la escuela de descenso, en Barcelonnette, esa mañana, día del primer salto, nos encontramos frente al vacío del valle. Estamos nerviosos, ansiosos, con nuestra vela desplegada encima de la pradera alpina. Tenemos que buscar de dónde viene el viento con el fin de colocarnos con precisión enfrente, y así poder correr de cara a él y permitir que se despliegue la vela para después saltar al vacío. Yo soy el segundo en quererme lanzar, detesto esperar. Observo al primer parapentista, que está de pie, con precisión, frente al ligero viento de esa mañana. Corre, y después, gracias a su vela, sube hacia el azul. El viento lo ha propulsado hacia lo alto. Muy bien. El profesor viene a mi encuentro: «A ver, ¿sabes hacia dónde tienes que correr para alzar el vuelo?». Le contesto con orgullo y seguridad: «Sí, sí, en esa dirección, como mi predecesor». Me replica: «Entonces estás muerto». No sé decirte el efecto que tuvo aquello en mí. En el mismo instante, él me afirma: «Lo que era verdad hace cinco minutos puede ser totalmente falso ahora, el viento cambia, todo cambia permanentemente, y si tú mantienes una verdad en este mundo que está en cambio perpetuo, comprometes tu vida y la puedes perder». Como ya habrás adivinado, aquello fue una lección que todavía hoy permanece muy presente dentro de mí.

Todo es «Maya», todo es «verdad, pero no durante mucho tiempo». No nos fiemos de nuestro Procusto interior. Todos lo tenemos dentro de nosotros, y no lo sabemos.

¿Marginado por elección o por obligación?

Me siento diferente, al margen; es terrible. ¿Qué puedo hacer con eso? Nada. ¿Desaparecer? Ya es ése el caso a los ojos de los demás, y, a veces, es mejor así: cuando el otro es sádico y perverso, el que no te vean se convierte en una garantía de supervivencia –durante un rato.

Para empezar, ese sentimiento, antes de convertirse en una forma de identidad muy agradable, espaciosa, es invivible por su dolor interno. A resultas de lo cual yo ya no puedo hacer otra cosa sino crear la diferencia en mis relaciones, en mis proyectos, en mi manera de ser. ¡El estar fuera de lugar se ha convertido en mi patria! Para mí es imposible hacer lo mismo que tú, que él, que ella… Por otro lado, ¿cómo se me podría reprochar esto? Después de todo, ¿cuáles son los modelos que seguimos? ¿Cuáles son las mujeres y los hombres que nos fascinan? ¿Que nos seducen… desde la infancia hasta la madurez? Son seres originales, excéntricos insólitos, fantasiosos atípicos. Siempre. El niño admira a la última cantante de moda, al actor nuevo. El anciano seguirá, tal vez, a un maestro espiritual o a un escritor poco común, a un filósofo inédito o a un intelectual inclasificable, alguien que dé testimonio de la originalidad y de la diferencia, o que las encarne.

Sean cuales sean tu cultura y tu edad, a ti no te atrae el señor *Todo-el-Mundo,* el cualquiera, hombre del común que repite, lo mismo que lo hacen las fotocopias y los magnetófonos. Al contrario, la mayoría de las veces todos buscamos y encontramos un ser portador de una sorpresa, un ser que nos hace bien o nos hace sentirnos únicos, o que provoca una fascinación maravillada en nosotros. Al mismo tiempo, la paradoja es que la sociedad fustiga y critica a los que son originales.

Existe el original negativo y el positivo. El negativo puede dar un vuelco y convertirse en original positivo, al igual que lo hicieron Vincent van Gogh y Georges Brassens. Brassens, al principio de su vida, era casi tan pobre como un sin techo. Vincent van Gogh, en vida, no le interesaba a nadie, se lo percibía como un marginado inútil. Después de su muerte, Van Gogh se convirtió en ese marginado genial, único y portador de belleza.[5]

Recuerdo una entrevista que tuve con un director de facultad en Lima, en Perú, a quien le presenté la descodificación biológica. Este director me anuncia: «Es apasionante, esto lo vamos a enseñar en la

---

5. Lleva el mismo nombre de pila que su hermano mayor, fallecido e importantísimo para su madre, que no hizo el duelo de él. El mensaje es que *sólo se reconoce a los muertos.* Y él lo validará.

facultad. Cuénteme su recorrido. ¿A qué facultad fue usted?». Mi respuesta fue: «Yo no he ido a ninguna facultad. Porque, si hubiera sido el caso, no habría sido creador de algo nuevo, diferente, interesante. Habría sido como muchos otros: una réplica».

Me gusta ese desfase respecto a los comportamientos que debería tener en tal o cual contexto. Nunca respondo a lo que se espera de mí.

He aquí una ilustración de esto con ocasión de mi paso por la Escuela de Enfermería de Vernon, en Normandía. Para entrar en dicha escuela, la mayoría de los alumnos obtuvieron el título de bachillerato y fueron al instituto. Pero yo no tengo el título de bachillerato porque nunca fui al instituto. Después del 3.er curso, me orientaron hacia un centro de enseñanza secundaria técnica en Mantes-la-Ville. Yo sabía que quería ser enfermero. No obstante, como mi nivel era muy bajo, no quisieron mandarme al instituto. Por consiguiente, estuve pacientemente dos años en BEP[6] sanitario y social; una orientación que, en mi opinión, no me iba a servir prácticamente para nada. No obstante, sí estaba estudiando algo que podía sensibilizarme, de cerca o de lejos, hacia los cuidados de enfermería.

Recuerdo perfectamente el día del examen. En aquel mes de junio tan florido, decido no ir al CET[7] de Breuil para pasar las pruebas que habrían podido permitirme obtener ese diploma sanitario y social. Simplemente, eso no me interesa. El mes de junio es muy hermoso en Normandía, yo prefiero tumbarme bajo un cerezo para leer páginas de poesía, moteadas por la sombra flotante de los pétalos llevados por el viento; mientras que mis compañeros se pasan todo el día deslomándose encima de otras hojas, carentes de clorofila.

Por supuesto, ¡no es tan fácil entrar en una escuela de enfermería sin el título de bachiller! Se lo debo a mi madre, que envió una carta al Ministerio de Salud de la época, directamente a Simone Veil. Muy contenta, viene a verme a mi cuarto; yo tengo 17 años. Me sonríe: «¡Mira! ¡Ya está, Christian! ¡Ha contestado la ministra!». Me pone delante de las narices una carta manuscrita, que todavía poseo, de la señora

---

6. Análogo a FP1, certificado de estudios profesionales de primer ciclo. *(N. de la T.)*
7. Centro de estudios de Formación Profesional. *(N. de la T.)*

Veil. Ha hecho caso a las palabras de mi madre y ha apoyado mi candidatura a la Escuela de Enfermería. Unos días más tarde, estoy en Évreux pasando los exámenes de física, de química y de francés para poder unirme a los demás estudiantes. Ya en el mes de septiembre, entro así en esa escuela, de una manera marginal, sin haber obtenido el título de bachiller. El día del principio de curso, quedo inmediatamente seducido por las clases y por el grupo, y ardo en curiosidad por conocer todo ese universo tan nuevo para mí.

A las chicas las alojan en un hotel muy bonito: Le Normandie, contiguo al hospital de Vernon. Como tengo poco dinero, yo me alojo en la ciudad en casa de una señora anciana; estoy ahí para velar por ella por las noches, para en caso de que se cayera que me llamara. Así, no tengo que pagar la habitación, simplemente tengo la obligación de volver a casa todas las tardes a las 20 horas. Tengo derecho a una noche libre por semana.

Podría, como todos los demás estudiantes, escuchar a la instructora, seguir los cursos, volver a casa a estudiar y volver a hacer lo mismo todos los días siguientes. Pero eso me es como imposible. Yo hago lo que no hacen los demás, me siento en las habitaciones de los enfermos, a veces en la cama, y hago preguntas a los pacientes tras haberles tomado la tensión arterial. Esto a veces dura horas. Y eso no es todo, ¡en la escuela organizo veladas de poesía!

* * *

Una mañana, con el pulgar hacia los cielos, los ojos atornillados al horizonte, me sube la ansiedad. Tengo un consejo técnico que empieza dentro de una hora y media y no me para ningún coche; he apostado por el autostop para conectar París con Vernon. Mala elección. Pasa el tiempo y, ahora es seguro, voy a llegar tarde y a ellos no les va a gustar. «Ellos» son mis formadoras, mi directora de escuela y los médicos del hospital, los responsables del consejo técnico. Por otro lado, es la tercera vez que se me convoca a un consejo técnico para justificar mis comportamientos. Por supuesto, la razón habría querido que yo me preparase «seriamente» para ese tercer encuentro, pero ya ves, ayer por la noche Paul McCartney presentaba su espectáculo en París, ¡grandioso!

No tuve vacilación ni arrepentimiento alguno. ¿Qué es lo más importante, después de todo? ¿Hacer lo que nos gusta, lo que nos emociona y nos hace vibrar? ¿O hacer lo que debemos, nos obliga y nos coarta?

Por fin, se para un coche. Me arrojo a su interior, al abrigo de la lluvia incipiente, y me relajo. No puedo ir más deprisa que mi destino. Tal como presentía, llego tarde a la gran sala blanca en la que me están esperando desde hace ya media hora.

—¡Buenos días, Christian! Ya hemos tenido tiempo de hablar de su caso.

Me siento frente al neumólogo, que observa mi ropa arrugada y mi aspecto dormido.

—Es usted un muchacho amable –empieza–, no tenemos nada grave que reprocharle, no ha matado a nadie. Es usted atípico, y de ello hemos deducido que simplemente está mal orientado, no tiene el comportamiento de un futuro enfermero. Es usted demasiado relacional. Habla demasiado con los enfermos, cuando se trata simplemente de hacer gestos técnicos, eficaces, rápidos.

Me vuelven a la cabeza las reflexiones de mi anterior supervisora de curso:

—Christian, ¡has tardado tres horas en tomarles la temperatura a veinte personas!, ¿te das cuenta?

—Eeeh… ¿de qué?

Me paso un buen rato buscando dónde se encuentra el problema. En mi cabeza, yo soy un plus en el departamento. Soy incapaz de ir de habitación en habitación, tomar el pulso, la tensión y la temperatura, y luego marcharme inmediatamente; para mí eso no tiene sentido.

Prefiero preguntar: «¿Cómo se encuentra usted en este momento? ¿Puedo ayudarle en algo?». Y en el trasfondo: «¿Quién es usted? Porque usted es alguien con quien me quiero encontrar, conocerle, de otra manera que no sea con números…».

El neumólogo continúa leyéndome la cartilla y me saca de mis fantasías: «… de modo que hemos decidido expulsarle de la escuela para permitirle encontrar una vía que coincida más con usted, que sea más relacional, más social».

¡Quizá tenga algo de verdad! Cuando pasé el segundo consejo técnico, hace tres meses, ya me llamaron la atención: «Tiene que hacer un esfuerzo, estar más concentrado; tomemos el ejemplo de su paso por el servicio de radiología; ¡no pasó usted desapercibido!».

Me sonrojo, no sé si es de vergüenza o de placer. Sí, sinceramente… ¡de placer! No debería ser así, pero esto me divierte. Unas semanas antes, estando en prácticas en la unidad de radiología, me encuentro en la sala negra con esa débil luz roja. Tengo que encontrar las películas argénticas (carísimas…) y acoplarlas en la caja metálica para dárselas al radiólogo que, así, tomará los negativos. Pero es complicado encontrar la película adecuada en esa penumbra. De modo que decido encender la luz blanca y abrir todos los cajones. Es mucho más fácil para encontrar la película que es. ¡Salvo que todos los negativos saldrán velados! El radiólogo ha hecho su trabajo, el enfermo ha venido en ayunas o con un goteo… Y los negativos salen todos negros como la noche. Cierto es que soy un poco distraído, he de decirlo (incluso muy distraído). De modo que es posible que no esté totalmente en mi sitio, quizá me haga falta evolucionar.

Así pues, me expulsan con el estatus de auxiliar de enfermería. A pesar de todo, me gustaba mucho esa escuela. No había sido fácil entrar. Me gustaban esas veladas durante las cuales yo organizaba espectáculos con Serge, un compañero de clase. Serge es un artista. Tocaba a la perfección la guitarra y el banjo, y cantaba. Mi hermano se unía a nosotros con la guitarra. Les ponía música a algunos de mis textos. Se alternaban poemas, sainetes y melodías para no cansar al público.

La descodificación biológica, poesía de la medicina

Hoy día, tomo conciencia de que yo llevé la poesía al seno de aquella escuela de enfermeros. No es muy corriente aportar cosas literarias dentro del ámbito científico. Años más tarde, un periodista en la radio me hace la pregunta: «¿Cuál es hoy para usted la definición de la descodificación biológica?».

Como un fogonazo, se me impone la respuesta: «La descodificación biológica es la poesía de la medicina».

Así lo pienso y lo siento.

Estoy lejos de ser el primer literato de la medicina. ¡La medicina fue primero un arte, antes de ser una ciencia!

Antaño, los médicos estaban más cercanos a los pacientes, porque se comunicaban con un lenguaje corriente. Una médico de Alsacia, Beatriz P., ha tenido la inventiva, la originalidad y la audacia de presentar su tesis de medicina no sobre un órgano o una enfermedad, sino sobre el lenguaje del médico. Ha estudiado las consecuencias de la evolución del lenguaje del médico desde hace dos siglos. Se basa en los documentos que tenemos de un famoso médico del siglo XIX, el profesor Laennec, inventor del conocido estetoscopio. He aquí un extracto:

«Cuando se dirige a las mujeres y a los hombres a los que ausculta, su lenguaje es metafórico, cercano a la realidad cotidiana de éstos: "Su respiración es como el fuelle de una fragua", le explica a un asmático. "Su corazón late como un caballo al galope" le dice a un cardíaco...

»[...] Éste da a los elementos descritos una existencia propia, los personifica. Su estilo es metafórico.

»[...] Posteriormente, los autores de tratados de medicina tienen la voluntad de realizar una presentación objetiva y científica de los datos que tiende a borrar el carácter individual de la escritura. El estilo conserva, no obstante, cierta elegancia. Hasta mediados del siglo XIX, el interrogatorio es preponderante.

Con el desarrollo de la exploración, la medicina pierde subjetividad y pretende ser cada vez más objetiva. La metodología cambia: la observación clínica del enfermo deja cada vez más sitio a las pruebas técnicas.

»[...] En la medicina actual asistimos a:

- un empobrecimiento del contacto humano entre el médico y el enfermo, que a veces se siente más sujeto de exploración que de ayuda y cuidados;
- el aumento del número de pruebas, prescritas muchas veces de manera sistemática;
- una regresión de la clínica;
- un lenguaje esotérico;
- la voluntad de objetividad en detrimento del sujeto.

»Las numerosas pruebas reducen cada vez más el contacto físico con el enfermo. La enfermedad parece tener más importancia que el enfermo».

Al enfermo, la descripción metafórica, hecha en imágenes, poética y natural de lo que ocurre en su interior, le hace estar cercano a su propio cuerpo. Gracias al discurso del médico, él puede apropiarse de su cuerpo, de su enfermedad. Progresivamente, el lenguaje del médico se va volviendo sibilino, abstruso, el paciente ya no entiende nada de lo que le ocurre. Y, sin una búsqueda activa, tú no comprenderás nada de lo que te ocurre, ni nada tampoco del vocabulario del médico, quien, por otro lado, no busca especialmente comunicarse contigo.

He observado el tiempo medio que dura la visita a mi oftalmólogo, es de cinco minutos. Y ya, al cabo de cuatro minutos, puedo percibir su impaciencia. Se pone de pie y abre la puerta, cuando yo estoy con mi lista de preguntas para calmar mis angustias. Los médicos, en su mayoría, no están formados en la relación, en la escucha. Muchas veces, por desgracia, se disocian de su cuerpo emocional. En efecto, ¿cómo tratar y acompañar a pacientes que atraviesan diagnósticos graves, que están a las puertas de la muerte, en ocasiones varias veces al día, si estás en tu cuerpo emocional? Una de las estrategias inconscientes es, pues, disociarse (como hacen, por ejemplo, los soldados y las prostitutas), disociarse de las emociones de los pacientes para para mantenerte, durante todo el tiempo que éstos vivan, en la observación analítica del cuerpo. Una de las consecuencias de esta actitud es que el lenguaje del médico ya no tiene nada que ver con la experiencia cotidiana. Le hará falta una tercera persona, un traductor (enfermera, farmacéutico, fisio…) para comprenderse, para estar en relación consigo mismo. El paciente se ha convertido en un extraño para sí mismo, su cuerpo ya no le pertenece. Este defecto del lenguaje le desconecta de su realidad corporal; de ahí mi definición de lo que yo deseo aportar al universo médico y a los pacientes: la poesía.

Se trata de volver a abrir esa dimensión poética —es decir, emocional, interior, del hemisferio derecho— en la atención médica. Antaño, podían entrar y cursar medicina estudiantes que habían pasado por la universidad, tras un bachillerato literario y un bachillerato de filosofía. ¿Existe hoy un solo estudiante de medicina que no haya hecho bachillerato científico? A mi entender, la pérdida de esta dimensión poética, es decir, metafórica, emocional, limita la atención médica. Es una amputación en la relación, un hándicap.

Mi misión es, pues, devolverle la poesía a la medicina. Mi ambición es despertar esta dimensión central del ser humano en la terapia. Mi creencia es que esta experiencia poética, es decir, emocional, permite cambiar el cuerpo. Otras corrientes tienen la experiencia de esto, ya se trate del psicoanalista Groddeck, de Jung o de los chamanes.

El chamán es el ancestro de los médicos y de los terapeutas, pero asimismo de los sacerdotes y los místicos. El chamanismo, presente en los cinco continentes, no está reservado a una cultura ni a una época. El chamán cambia de nombre, simplemente: el curandero africano, la bruja de la Edad Media, el mago.

Algunos se comunican con el espíritu de las plantas y de los animales mientras que otros armonizan los cuatro elementos: el agua y el fuego, el aire y la tierra. Algunos conversan con los extraterrestres. Pero todos se comunican con lo invisible y encuentran allí el origen de la demanda que presenta el paciente (malestar, enfermedad, fracaso, etc.), y es asimismo en esa dimensión en la que opera una reorganización el chamán. Mediante esa comunicación y sus propios actos, provoca una transformación incluso en la materia del cuerpo, en la realidad del paciente.

La medicina a la que llamamos clásica es muy reciente, muy moderna, menos de un siglo. Es inestimable, ciertamente, e indispensable. Esto no lo rebate nadie. No obstante, tiene mucho que ganar respetando lo que existía antes de ella e integrándolo. Demasiados médicos se han cercenado de sus raíces, de sus antepasados.

Por eso mismo, me parecen apasionantes las cinco etapas de la medicina china, de seis mil años de antigüedad.

Frente a un enfermo:

- Primera terapia: **escucharle.**
- Si esto no basta para sanarle, segunda terapia: estudiar su **alimentación** para corregirla y mejorarla.
- Si esto no basta, tercera terapia: la **farmacopea** china, que es, creo, la más elaborada del mundo.

- Si no, cuarta terapia: las agujas de **acupuntura.** Restablecerán los flujos de energía que recorren el cuerpo a lo largo de los meridianos.
- Y, finalmente, quinta terapia: las **moxas,** esa fuente de calor que se coloca junto a puntos precisos del cuerpo.

Como podemos constatar, su primera medicina es la expresión.

Por supuesto, no se trata de que los médicos y otros terapeutas se conviertan en Chateaubriand, Rimbaud, Brel o Cadoré, sino simplemente de abrir los dos hemisferios cerebrales, de que no luchen contra su hemisferio derecho.

De manera clásica, los psicólogos asocian el hemisferio izquierdo a nuestra percepción racional, analítica de los acontecimientos, y el hemisferio derecho a la experiencia global, sintética, holística, emocional y poética de lo vivo. Todos los jinetes os lo dirán: no puedes guiar tu caballo con una sola mano, o te expondrás a dar vueltas en redondo.

Si tú eres solamente racional, tu universo será limitado y limitante. Si no vibras, si nunca sientes nada, la rutina te acecha, así como una vida sin sabor, sin entusiasmo, sin pasión, sin sorpresa. Si solamente utilizas la otra mano y tan sólo vives para tener emociones sin reflexión, igualmente, darás vueltas en redondo alrededor de tu corazón y de tus emociones, sin poder escapar de ellas, pasando de la alegría a la tristeza, del impulso a la decepción, y quedarás definido por tus emociones al igual que lo están los hipersensibles, los depresivos y los histéricos.

La cuestión está en saber lo que está adaptado; aquí donde estoy en este instante.

Por ejemplo, yo estoy con mi contable. ¿Es éste el momento de tener emociones o de analizar la situación? En Navidad con mis hijos, con mis viejos amigos o en pareja en el restaurante, ¿es el mejor lugar para pensar de manera estrictamente racional?

Volvamos a mi recorrido. Tengo 19 años y me han expulsado tras dos años de estudios, a seis meses de obtener el título de enfermero, ¡duro! ¿Qué voy a hacer? La respuesta llega haciendo autostop, unos días más tarde. Después de todo, si vivo grandes momentos es gracias a él, al azar del autostop.

Una hermosa mujer acaba de parar en la carretera. Me subo.

—¿A qué te dedicas?

—No sé, me han echado de la Escuela de Enfermería.

—¿Ah, sí? Qué gracia, yo también soy enfermera, y el año pasado fui a trabajar al hospital de Saint-Tropez. En verano están desbordados de turistas; así que en julio contratan a todos los que pueden. El hospital te aloja, te da de comer y te paga. Después, las noches y los días de permiso, tú te vas a pasártelo en grande.

—¡Oh! ¡Genial, esa idea tuya! Pero yo no soy enfermero…

—Eres auxiliar de enfermería, ¿no?

—Sí.

—Pues entonces te contratarán como enfermero y te pagarán como auxiliar de enfermería.

—OK.

Esa misma tarde redacto un correo. Pasa una semana y llega la respuesta: el hospital de Saint-Tropez me espera para el 1 de julio de 1977. El universo está lleno de respuestas, de soluciones y de sanaciones frente a las dudas humanas.

La edad de autonomía, segundo nacimiento

El miércoles 29 de junio de 1977, a las 8, estoy en el pasillo de la casa familiar, con mi mochila llena con unas cuantas prendas de ropa, mi cuaderno de poemas y un libro, *El señor de los anillos*. Heme ahí, entre dos universos: el pasado y el futuro. El niño y el adulto. La víspera por la noche, cenamos los tres, mis padres y yo, como si nada. Mi padre, literalmente devorado por la televisión, silencioso, ingurgita una comida que hace ya mucho tiempo que no saborea. Mi madre, nerviosa, queriendo ser agradable, sonríe. Es nuestra última velada juntos.

A la mañana es cuando viene la emoción de la despedida de mamá. Mi padre se ha ido a trabajar como de costumbre, sin una palabra para acompañarme.

Yo nunca más volveré a esa casa; mi madre y yo, al abrazarnos, somos conscientes de ello. Intercambiamos las palabras usuales que se dicen en esos momentos para que, sobre todo, no haya silencio, porque el silencio de los momentos importantes siempre pesa, como la tormenta que nadie ve y que todo el mundo siente próxima a reventar antes de chorrear en mil sollozos. Buscamos un dique, una banalidad para huir de lo insoportable:

—Ten cuidado.

—Te escribiré.

—Cuídate.

—Venga, nos veremos pronto.

Mamá y yo no sabemos decirnos «te quiero», eso no se dice. Así que soltamos palabras para ocultar emociones, no para revelarlas, palabras para rechazar el desgarro total, primicia de ese abismo que nada colmará. Porque la infancia se va para siempre jamás, muere esa mañana.

Mi mochila de tela marrón encuentra de modo natural su lugar a mi espalda. Me propulsa como si albergara dentro las alas de un ángel.

¡Qué excitante es también ese instante!

De nuevo, confío una parte de mi destino al azar del autostop. De momento necesito ir a París, a reunirme con un amigo, Christian, comercial de joyería, un fantasioso. Baja para Niza y así me acercará mucho a Saint-Tropez. Nos encontramos en París, en la Porte d'Italie, y a lo largo de la carretera no paramos de reír. Es un vendedor, un comunicador, que le saca partido a cualquier situación y la exagera hasta el ridículo. Estamos en el restaurante y él observa a la camarera para luego imitarla sin que ella se dé cuenta, por jugar, sin ninguna maldad. Transforma su voz y sus gestos a placer, calculando el efecto que tendrá eso sobre mí. Es un artista. Es un transformador emocional.

Tras una noche de hotel, ya estamos en marcha otra vez. Él tiene su destino y yo el mío. Estamos en la autopista y yo llevo en las manos un mapa de carreteras de papel.

—¡Párate aquí, Christian!

Se sorprende, aunque sea un hombre que vive fuera de la rutina, como puedo serlo yo. Se detiene en el arcén de la autopista.

—He calculado que aquí estamos en el lugar más cercano posible a Saint-Tropez en línea recta.

—¿Estás seguro de que quieres que te deje aquí?

—¡Sí, sí!

Salgo del coche de un brinco, miro el alto enrejado y busco un punto débil para pasar.

—¡Muy bien! Ya te puedes ir, Christian. ¡Gracias!

Él sonríe, totalmente atónito, divertido. Él jugaba con las palabras, pero yo en ese momento estoy jugando con lo real, con la vida, con la mía… Lanzo mi mochila por encima de la reja; ya no puedo retroceder, voy a seguir a mi mochila, sin volverme. Nunca más volveré a ver a Christian.

Voy andando por una carreterilla entre las viñas indolentes, tratando de llegar a esa ciudad tan turística. No es tan sencillo. Los automovilistas se preguntan lo que habrá venido a hacer por aquí un *hippie* como yo. Da lo mismo, yo soy paciente. En cuanto acecho un automóvil, con el pulgar arriba y la mochila a la espalda, entro en trance. La aventura comienza cuando desaparecen los límites; todo se vuelve posible. Y yo respondo «¡presente!».

Aquí estoy, por fin, aporreando con mi alegría las aceras de Saint-Trop'. Tengo cita con el jefe de personal, pero no puedo presentarme en pantalón corto, con la mochila y sin afeitar. Tengo que encontrar una solución. El coche me deja enfrente de una tienda de comestibles. En ese instante sale de ella un famoso actor inglés, David Essex, que se monta en su 4x4 negro. El tendero, muy simpático, acepta guardarme la mochila durante unas horas; ahí estoy, camino del hospital. El ambiente de la ciudad es muy distendido, pero yo estoy estresado antes la idea de esa primera cita.

De manera muy cortés, me recibe una mujer en el hospital. Me comunica los horarios y me muestra mi habitación. Se trata en realidad de una habitación de enfermo en la que pasaré un mes, a cuyo término me pedirán que prosiga mi trabajo de auxiliar de enfermería; yo me negaré. Demasiada gente, demasiadas presiones, y tengo suficiente dinero en el bolsillo para atreverme a la aventura. Me voy de nuevo y me pierdo entre todos los vientos.

El primero de agosto, ahí estoy, pulgar arriba hacia no sé qué destino. Coche tras coche, cruce tras cruce, desembarco en Andorra, en los Pirineos. Yo ni siquiera sabía que existía ese pequeño país. El azar de los encuentros me ha conducido hasta allí. Tengo ganas de trabajar, estoy ansioso, quiero tener algún dinero con anticipación, nunca se sabe. En la acera, un *hippie* vende cinturones que fabrica por la noche. Nos caemos bien y me contrata. Le voy a ayudar en su negocio. Por la noche no sé dónde dormir, los hoteles son inasequibles, para mi bolsillo en todo caso. Busco un hueco de escalera no demasiado iluminado, no demasiado ruidoso, para pasar la noche en él. Al día siguiente concilio el sueño en un camión, bajo una lona, junto con otros mochileros que me encuentro por allí. Pero duermo mal, evidentemente. Así que, con mis pocos cuartos en el bolsillo, me voy al vendedor de tiendas de camping.

La experiencia con el *hippie* que fabrica cinturones es divertida, pero yo tengo hormiguillo, no aguanto en el sitio y reanudo el camino, con mi nueva vivienda de campista y un bidón de cinco litros de Grand-Marnier. Me encanta.

¡En todas partes en la Tierra es 22 de agosto de 1977! Y para mí, el día en el que cumplo 20 años. Estoy sentado en mi tienda con las piernas cruzadas, cercano al cielo, en las alturas de los Pirineos, escribiendo mi novela *Cathédrale, mon amour*. Estoy solo y unos copos de nieve bailan y empolvan el paisaje. Quedo maravillado por ese lenguaje del universo: Navidad en el mes de agosto, toco los cielos y me codeo con los ángeles. Por algún tiempo.

Pasan las semanas y me aburro. Estoy solo. Pocos encuentros. Necesito relaciones. Tengo ganas de estar con amigos buenos y verdaderos. Dormir bajo mi tienda y luego bajo una marquesina de autobús en esta última noche lluviosa ya no me conviene. Bajo la marquesina del autobús me encuentro con dos leñadores que bajan de la montaña con su motosierra bajo el brazo. Han tenido la misma idea que yo para ponerse en lugar seco.

Dos hombres prehistóricos. Viaje en el tiempo. No os fiéis de las apariencias; llevan ropa en el lugar de los pelos, eso es todo. Rudos, no hablan, gruñen. Sus músculos parecen haber ocupado todo el sitio, el del cerebro y el del corazón. Bueno, sigo exagerando, me divierte retorcer la realidad en todos los sentidos, desvariar con una nadería para entretenerme. En todo caso, no vivimos en la misma cara de la realidad.

Una vez en Bayonne, me uno a un grupo de *baba cools* que fuman aceites esenciales mezclados con el tabaco para procurarse sensaciones, me dicen.

Todo me hastía. Ellos también. Finalmente, decido ir a ver a mi hermano, y heme aquí de regreso en Provenza, en Beaumont-de-Pertuis. Vive en una casa pequeña con otra pareja. Me instala en el salón en un colchón. Así me paso varias semanas.

No sé qué hacer con mis días, con mi vida, con mi cuerpo, con mis emociones. Me incomodan. Doy vueltas en redondo. No quiero participar en la vida común.

Atrapar cualquier oportunidad; estar a la altura de lo imprevisto

Todo se dispara un día a media tarde, un momento que no olvidaré fácilmente. Por otro lado, en la vida, todo ocurre en un instante. No podemos hacer otra cosa sino vivir instantes presentes, estamos condenados a ello. Prueba tú y lo verás: haz otra cosa que no sea vivir un instante presente, preciso, localizable en el tiempo y en el espacio…

Alain, mi hermano, me lleva siempre con él, al mercado de Aix-en-Provence a vender ropa, o a casa de sus amigos. Yo soy como un saco que él arrastra tras de sí y que deposita en algún lugar, ahí donde él se encuentra. Es muy paciente, muy amable conmigo. Pero una profunda angustia me devora como un animal insidioso, agazapado en el fondo más recóndito de mis entrañas. Ese día, domingo, estamos en casa de un amigo suyo, en Aix, en la plaza de la Madeleine (¡anda, el nombre de mi madre!). Es el final del día y, como de costumbre, yo estoy aburrido. Por la ventana aparecen unas magníficas nubes crepusculares generosamente henchidas. Luminosas, malvas y blancas.

Siento una irreprimible pulsión de salir fuera. Irresistible.

Se lo anuncio a mi hermano: «Me voy a dar una vuelta». Inmediatamente estoy en la plaza, frente al pasaje Agard, y me siento bien, sin comprender el porqué. Una libertad profunda, como si el cielo entrara en mi caja torácica hasta el fondo de mis pulmones, hasta lo más profundo de mi ser.

Enfrente de mí, en la acera, hoy dos jóvenes tocando la guitarra y cantando muy mal. Yo no soy experto en ese instrumento, pero conozco unos cuantos acordes. Me paro y les enseño lo que sé hacer yo (es decir, un poquitín más de lo que conocen ellos). Nos caemos bien. Viven en Marsella y me invitan a su casa. Informo de ello a mi hermano y, media hora más tarde, estoy en el autobús. Esa misma noche, compartimos los tres, haciendo bromas, una habitación minúscula. La habitación debe de medir, como máximo, tres metros por tres, no más. Aquí sí me siento en mi sitio, con ellos, del mismo mundo.

De vez en cuando, tocamos la guitarra en la calle. En éstas, pasa el señor Vernon, un personaje particular. «Mi proyecto es crear una agencia matrimonial para hacer que se conozcan futuras parejas en un barco atracado en el muelle. Durante la velada, vendrían artistas a cantar, a tocar música, a leer poesías y a hacer juegos de magia. ¿Os interesa?».

¡Yo estoy en la gloria, un sueño! Y ahí estoy, muy pronto, declamando mis poesías de mesa en mesa.

Marsella bulle de artistas y de gente apasionante. Una tarde me voy para asistir a una velada de cabaret en el teatro del Cours Julien. Me ha invitado un amigo y me presenta como poeta al director. «¡Te escucho!», me dice éste inmediatamente. Me quedo impresionado, me aclaro la garganta y atrapo la pelota al bote. Le recito mi último poema.

L'accouchement de l'océan

La toison marine,
De nacre, divine,
Au soleil, sur l'écume,
Semble mille étoiles qui fument.

Le silence, son complice,
Ponctue, sans caprice,
La danse dans le rythme
De ses vagues qui miment.

Elles miment, sous le ciel,
L'acte d'amour originel :
L'espace et le temps dansent,
Créant matière et consciences.[8]

---

8. **El parto del océano.** La cabellera marina / de nácar, divina / al Sol, sobre la espuma, / parece mil estrellas humeantes. // El silencio, su cómplice, // escande, sin caprichos, / la danza, en el ritmo / de sus olas que miman. // Miman, bajo el cielo, / el acto de amor original: / el espacio y el tiempo danzan, / creando materia y consciencias. *(N. de la T.)*

—¡Tiene su gracia! Nos vemos el sábado que viene, ¿tienes nombre artístico?

Bajo mi cráneo, mi cerebro carbura a todo gas: (*¿Christian? Banal. Chris? ¿demasiado católico? ¿Cricri? no. ¿Chri? Esto suena bien, como un grito, cambio la h de sitio como ih, Crih... ¡eso es!*)

—Eeeh, sí: Crih.

—OK, Crih, hasta el sábado, que pases bien la velada.

«¡Crih! ¡Me llamo Crih! ¡Soy Crih! ¡Crih Crih, iiiii! Rujo como un león en el corazón de la noche marsellesa. De ebriedad y de voluptuosidad. Existo. Soy.

¿Y tú? ¿Cuándo lo sabes? ¿Cuándo sientes que existes...?

Pasa una semana, yo estoy invadido por un único pensamiento: *cabaret – sábado que viene – lleno de gente.* Cientos de miles de emociones juegan al corro: del canguelo interior a la excitación mental, pasando por la soberbia, luego otra vez miedo. Un látigo de terciopelo me mortifica.

El sábado por la noche, soy el quinto de la lista. Antes de mí se suceden un guitarrista, un malabarista y un mago a los que no veo, a los que no escucho, más que devorado por el miedo escénico. Ya está, me toca; tengo mi puesta en escena, espero que se haga el oscuro total para colarme silenciosamente y luego tumbarme en el estrado. Finjo dormir cuando se encienden los focos. Oigo cuchichear a la sala. Bostezo, abro los ojos como platos – me despierto – e interpelo al público.

«*Pero ¿qué estáis haciendo aquí, en mi habitación? ¿Quién os ha abierto la puerta? ¡A no ser que esté soñando! ¡No, no! No os marchéis, os lo ruego, no os asustéis, veo a tan poca gente en este momento... No me pueden disgustar unos cuantos fantasmas a los que entretener... ¡A no ser que sea yo quien me encuentre en vuestro sueño! Sí, es eso. Yo soy vuestra pesadilla más alegre del mundo. No, no, os lo suplico, quedaos. Escuchadme, tengo tantas cosas que deciros, que reíros. Cierto que ha habido que forzar la puerta un poco, pero aquí estamos, tú y yo. Sin tu permiso, he invitado a unos cuantos figurantes que están apostados ahí a tu alrededor...*».

Y así se prosigue... Declamo un *sketch* poético que implica al público. Los miro uno por uno, los interpelo. Se ríen. He ganado el envite.

«*... gracias por haberme sacado alzándome de mi antro, por haberme sacado fuera de su vientre, por haberme tejido en oro sobre hojas de menta.*

Pero ahora tengo que dormir, no, quería decir despertarme. Dime, en serio, ¿estás realmente seguro de estar ahí, de ser tú, quiero decir, de estar despierto? ¿No estás durmiendo? Demuéstramelo…

»Venga, ¡chao! Hasta luego – en el otro lado del espejo…».

Me vuelvo a tumbar en mi catre. La luz se duerme poco a poco y, cuando vuelve a resplandecer, gozo y me lleno de aplausos nutritivos. Puedo por fin aflojarme después de una semana de tensión. Éxtasis.

Me gusta tener esa sensación de miedo escénico, esa intensidad, esa excitación, y luego esa relajación de todo el cuerpo después del espectáculo. Me gusta sobre todo, esa estimulación de saber que el sábado próximo estaré de nuevo en escena. Vendrán a distraerse hombres y mujeres reales. Me apetece gustar, complacer, expresarme, seducir, actuar, hacer reír. Este contrato estimula mi creatividad.

Por ahora deambulo, ocioso, por la calle, cuando… ¡Sorpresa! ¡Qué feliz casualidad! *Les Chants de Maldoror* se están representando en el teatro, aquí, en Marsella, como anuncia un cartelito en la calle.

Durante la representación, cinco hombres se menean, se contorsionan, se exponen con potencia dentro de un cuadrado brutal de luz cálida. Pura emoción, sensación; estoy pasmado, con el cerebro abierto de par en par por un nuevo placer. Lo que estoy viendo transciende todos los códigos, franquea el muro de lo imposible para acoplarse con lo impensable. Vuelvo al día siguiente y al otro con idéntica fruición. Podría volver más veces, si no fuera la última velada. No me canso, el espectáculo, no obstante idéntico, es nuevo a cada representación. El actor y director, el de más edad de todos, Georges Baal,[9] así como los demás actores, acaban por fijarse en mí. Los abordo: «¿Quiere venir a mi casa? Puedo alojarle».

---

9. Cómico, investigador, preguntón, llega a Francia en 1956 y se dedica a la biología molecular y luego a la genética. De ahí, pasa a la psicología, al psicoanálisis y a las diferentes corrientes de teatro, mientras se interesa apasionadamente por la literatura de vanguardia de su país, Hungría, y de Francia. Finalmente, sus conocimientos de psicoanalista nutrirán sus reflexiones de hombre de teatro, y por lo mismo elabora un teatro experimental totalmente singular, una de cuyas fuentes es el teatro pobre. A partir de ese teatro experimental, pone a punto su método *Teatro y Terapia* y se especializa en el ámbito de la adicción a la droga.

Georges está encantado y me sigue por las callejuelas de Marsella, acompañado por sus actores, la mayoría estudiantes de Psicología. Uno de ellos está haciendo un estudio sobre los vínculos *memoria-emoción:* «Pido a los espectadores su dirección y me pongo en contacto con ellos un año después de la representación, me explica. Les pido que me cuenten el espectáculo. Y es realmente interesante, algunos se inventan escenas que nunca se produjeron. Les pregunto: ¿qué pensaste de la escena con la araña? ¿Qué escena? No la vi. Esa noche no la interpretó usted, afirman con convicción. Mientras que el texto está escrito y se representa de modo idéntico todas las noches. Casi todo el mundo hace distorsiones, transforma sus recuerdos, la realidad…».

Gracias a él, tomo conciencia del universo invisible del otro. Hasta entonces, sin haberme pasado realmente muchas horas interesándome por esto, yo creía que todo el mundo veía el mundo tal como es. ¡Pero en absoluto! Cada uno el suyo. ¡Así, yo no soy el único que está fuera de lugar! Todos lo estamos, cada uno con su locura ordinaria. ¡Qué felicidad! Soy un loco rodeado de locos. ¡Eso lo cambia todo! De modo que en todas partes estoy en casa, en mi casa. Ya no tengo nada más que demostrar, ni tengo que hacer esfuerzos para normalizarme. Todo eso no es más que ilusión. No hay nadie normal. ¡Qué evidencia que salta a la vista!

Voy asiduamente a casa de ellos, al fondo del Impasse Rouge, en Montpellier, en su laboratorio que mezcla amistad, arte y psicología. Esta emulación me viene que ni pintada; me siento en mi verdadera familia. Los ingredientes son perfectos, y la alegría, y la sensualidad.

«Hoy, más allá del tiempo y del espacio, te doy las gracias, Georges. Gracias por esas largas conversaciones durante las cuales tú no dejas escapar nada y me acompañas en todas mis direcciones, mis angustias, mis preguntas extrañas. Contigo no me censuro, tampoco me oculto. Tú, el primero, me abres a los vínculos nuevos entre la biología, el arte y la terapia».

Paralelamente, prosigo mi actividad de auxiliar de clínica como suplente en una clínica; pongo los vendajes y las inyecciones, hago el seguimiento posoperatorio y el trabajo de enfermero, pero pagado como auxiliar de clínica. Decido reanudar mis estudios de enfermería para tener mejor sueldo.

La vida activa me ha hecho madurar y me ha permitido comprender la utilidad, la importancia de los estudios: unos cuantos años de esfuerzos para numerosos años más interesantes. De modo que envío un correo a todas las escuelas de enfermería del departamento: Marsella, Aix, Salon, Arles, incluso Toulon. Una única respuesta, de la escuela de Aix-en-Provence: «Lamentamos decirle que nuestros efectivos están al completo».

Escuela de enfermería: ¡Segunda!

¡Tal vez se trate de un «no», pero es también una respuesta! Al día siguiente mismo, tomo el autobús Marsella-Aix y busco la escuela de enfermería. Está contigua al hospital de Aix, me indican, y a última hora de esa mañana me presento en la secretaría de la escuela, sin cita. La secretaria se sorprende; tengo el nombre de la mujer que me contestó, la señora Brel, subdirectora. El diálogo debió de ser algo parecido a esto:

—Buenos días, señora.

—Buenos días, señor, ¿qué desea?

—¿Puedo hablar con la directora?

—¿Tiene usted cita? De todas maneras, no está aquí en este momento.

—¿Puede recibirme la señora Brel?

En ese mismo instante, pasa esta mujer por el pasillo. Sorprendida por mi presencia, me recibe en su despacho para escucharme y conocerme. Conoce muy bien a mi antigua directora de la escuela de Vernon, la señora Aguilar. Finalmente, cambia de parecer y decide hacerme comenzar las clases de enfermería el 10 de junio (y esta vez no daré conciertos en la escuela). ¡Qué lección! No desanimarse a pesar de la respuesta negativa del correo, creer en ello a pesar de las apariencias, ¡y ha funcionado! ¡Voy a ser enfermero!

Durante los cursos, me mantengo bien concentrado. Continúo evidentemente escribiendo poemas, novelas cortas y esa novela larga que empecé hace dos años.

Apenas obtenido mi título de enfermero, me contrata el doctor Ganascia, dimito al cabo de un año, y luego alzo el vuelo hacia EE. UU., México, Belice, Guatemala…

Viajes en el tiempo y en el espacio

«Cuando la eternidad se vuelve espacial,
cada ser humano se convierte
en un instante de Dios».

«Es excepcional, Christian, imagina: ¡una fiesta que sólo se celebra cada veinticuatro años! La fiesta del Sol en México. ¡Y la próxima tiene lugar el año próximo! ¡Va a ser más que genial!».

Me encanta este hombre, se llama Christian Argémy y vive en una gruta, quiero decir una casa troglodita; si la quiere agrandar, puede empujar las paredes y ampliarla. Todas las vacaciones, se pasea por Francia con sus hijos en autostop y descalzo. Es un antiguo profe de mates que, un día, cambió radicalmente. Ahora, es un poeta que se hace uno con las colinas y los arroyos que cruza, libre. ¡Me entusiasma! Decidido, nos iremos juntos a México. Entusiasta, me pongo a ahorrar para poder pagarme el billete de avión y tener con qué pasar unos meses allí. Por fortuna, en el mismo momento recibo una devolución imprevista de mis gastos dentales, una cantidad bastante importante. Inmediatamente me precipito a una agencia de viajes y me compro el billete de avión: París-Nueva York, Nueva York-París. Mi idea es marcharme cinco meses y llegar a México desde Nueva York en autostop. Llamo por teléfono a Christian para comunicarle mi compra, está ilocalizable. Va pasando el tiempo y vivo con dolor la falta de noticias suyas. Me entero por un amigo común de que está enamorado, y la fiesta del Sol se ha transformado en Annie. Ya no salen los dos de su habitación de amor, porque están celebrando una fiesta solar y lunar, sin duda alguna.

Con el billete en el bolsillo, el entusiasmo en el corazón y llenos los ojos de imágenes, sin dejarle el menor asidero a la vacilación, me voy al aeropuerto. Llega el gran momento del despegue; a la mayoría de los hombres eso no les hace levantar los ojos del periódico. Yo estoy entusiasmado. Tengo 24 años y no quiero perderme ni una migaja de cada segundo, de esa sensación del cuerpo que se aplasta hacia atrás, del avión que atraviesa las nubes, de la luz pura a través de las ventanillas, de las vibraciones sordas. Tras de la niebla surge el azul profundo del azul celeste lleno de Sol. Después, un océano de noche sobre un infinito: el planeta Tierra, ancho como un juego de niños.

Heme aquí solo en el aeropuerto de Nueva York.

Unos días más tarde, hago autostop, dirección Nueva Orleans. Ha caído la tarde y yo sigo sin haber encontrado hotel. Ahí estoy, en un área de autopista por la noche, solitario. Busco un rincón de hierba para desplegar en él mi saco de dormir, a cubierto de las miradas. Al día siguiente duermo en un camión, en los asientos de delante. Después, la frontera con México, pierdo mi dinero no sé dónde. El autobús atraviesa el desierto, dirección: la capital. Me siento profundamente solo, abandonado, me aburro. Aquí no me conoce nadie, no me mira nadie. Podría morir, desaparecer, ¿quién se daría cuenta? El tiempo se me antoja largo, absurdo. ¿Qué he venido a hacer aquí, cuando mis buenos amigos están en Francia? Me entra el bajón, el *blues,* me deprimo.

De modo que me las tengo que arreglar yo solo, sin ninguna dirección a la que ir. Todas estas experiencias operarán en mí un cambio de estructura. El Christian que regresará en primavera estará tan lejos, será tan diferente de aquel que vino aquí en otoño. Cada experiencia será una lección.

Llegué ayer a Oaxaca, en autobús. Ahora me apetece hacer autostop para regresar a mi hotel. Se detiene un viejo automóvil, ya vienen por lo menos seis en el interior, se apretujan con el fin de dejarme un poco de sitio en el asiento de atrás. Pasados unos minutos, algo me empuja a girar la cabeza y sorpresa –¡choc!– en la plataforma de atrás: un águila me está mirando con una mirada tan puntiaguda como su pico. Su pico es un arma colocada a veinte centímetros de mi rostro. Hay algo particular en ese coche, como una vibración.

Esto me devuelve a una experiencia de hace unos años. Yo había ido a un simposio intercultural y espiritual. Allí había conocido a Michel Martin, maestro de kyudo, también a maestros zen, cada uno en su traje cultural, pero sobre todo a un amerindio de un aplomo y de una serenidad que te dejaba anonadado. Me atrevo a acercarme a él y chapurreo unas cuantas preguntas. Él está ahí, con atuendo sagrado, y, a modo de respuesta, me atrae hacia su habitación del hotel. Comprendo que su respuesta no será conceptual, sino una experiencia. El aire tiembla todo alrededor de nosotros y los colores son de lo más vivos. Me dice: «Oigo llorar a las hormigas debido al comportamiento de los hombres». Comprendo que no se trata de una metáfora, sino de la realidad, él ha abierto sentidos que le permiten acceder a percepciones que yo no tengo. Me propone que me quite la camisa para darme un masaje con el fin de despertar otros sentidos y el corazón. El aire vibra, zumba cada vez más alrededor de nosotros, y también el suelo. Las formas cambian, los colores hacen zarcillos. Tengo miedo, estoy aterrado, no sé adónde voy. Tengo la impresión de que pierdo el control; eso me aterroriza. Pongo una disculpa y me marcho corriendo con el fin de tranquilizarme recuperando el mundo habitual, normal, conocido.

En aquel automóvil lleno de mexicanos ocurre algo similar. El que conduce, sin duda alguna, es un chamán. Van a una fiesta y me invitan, cosa que acepto con fruición y entusiasmo. En ese lugar no hay ningún turista, sólo bailarines y lugareños. El hombre del automóvil me explica: «Vosotros, en Occidente, habláis *de* Dios. Aquí, nosotros hablamos *con* Dios». De aquel ambiente se escapa algo hipnotizador, he comprendido que no era una fiesta como las entendemos nosotros en los pueblos franceses, sino más bien una puerta entre dos mundos. El hombre conversa conmigo de nuevo: «Mira todas esas mujeres y esos hombres presentes. Para utilizar tu lenguaje, nosotros no vamos a comulgar con Cristo: cada uno de nosotros va a despertar al Cristo en él; nosotros somos cristos». Yo no sé qué responder. ¿Qué soy yo capaz de responder, con el cerebro y el entendimiento limitado del joven de 24 años que soy? Muy poco. Sea como fuere, me siento bien en la presencia de ellos. Las pirámides de Monte Albán, descubiertas ese mismo día, me zarandearon el alma y me devolvieron a mi eje.

Me gusta franquear esas puertas energéticas, discretas, invisibles, abiertas alrededor de nosotros para quien sabe sentirlas y se atreve a cruzarlas. A veces se despierta un sentido que no es ni la vista ni los demás sentidos. Ocurre algo muy particular y que puede parecerse a una intuición, otra forma de percepción en todo caso. Una sensación percibida por todo el cuerpo, por la piel, ciertamente, pero en el interior también, a la vez sensación e inteligencia. Me refiero a un saber, a una evidencia que no es mental. Así, mediante esa sensación, se anuncia la proximidad de una de esas puertas. Son de todas las culturas, de todas las épocas, están en todos los lugares de la Tierra: vórtices, pasajes entre dos mundos, dos universos, dos realidades.

¿Puertas de la percepción o puertas de conexión? Con ciertos lugares ocurre como con ciertas personas. Aquel chamán, el jefe amerindio, Georges Baal y otros encuentros fortuitos nos introducen con su presencia en otro universo de conciencia. Ciertos instantes particulares hacen, asimismo, que basculemos hacia ese otro plano de realidad y nos dejan marcados para toda la vida. Recuerdo ciertas consultas en las que lo que ocurre no tiene nada de racional.

En mi despacho de terapeuta, la señora X da alaridos, vomita, saca lo reprimido de su infancia, ¿cómo es esto posible?, ¿haber vivido y sobrevivido a tantos sufrimientos? Ya no se mueve, tiene los ojos clavados en el suelo... y yo siento una presencia invisible. «Somos más de dos, ¿verdad?», me dice ella en un murmullo. Sí. Presencia benévola, sosegadora, sanadora. Ella también lo siente.

Lugares, individuos, instantes, pero también pasajes de libros se convierten en puertas y te llevan en volandas. Frente a ellos, no pueden sobrevivir la costumbre ni la rutina; vacilan, se convierten en humo, en sombra, se eclipsan.

Encuentro con mi muerte

Prosigo mi camino, con la cabeza llena de imágenes, el águila, las danzas, los colores de los cantos, el ritmo... Hace mucho tiempo que he olvidado esa tremenda fiesta del Sol prometida por Christian. Sigo a mis pies, que me conducen hacia una playa del Pacífico. Los mochileros me hablan con asiduidad de sus experiencias: las playas de Puerto Escondido y de Puerto Ángel tienen un lugar de elección en su palmarés.

Paso por Acapulco para dejarme sorprender por el largo vuelo de los famosos clavadistas, por la sonrisa de una canadiense..., después tomo la dirección de Puerto Ángel. Voy charlando en el autobús con un estudiante de Marsella: «Yo me había ido de vacaciones para un mes, como todo el mundo. Banal. Ahora hace un año que estoy en México. ¡Grandioso! El giro se produce cuando tus vacaciones desbordan por primera vez del marco habitual de las cuatro semanas. Cuatro semanas de vacaciones pagadas, y tú vuelves al nicho del jefe o de tu parienta a suplicar tus croquetas. Pero si ya no vuelves, ¡ocurre algo nuevo! Ya no estás de vacaciones ni en la rutina trabajo-estudios. La tercera vía. ¡Y la estoy gozando! Las salas de fiestas nocturnas de Isla Mujeres, las mejores del mundo… Ya no me apetece volver a Francia ni continuar mis estudios de Medicina.

—Pero ¿cómo te las arreglas para vivir?, –le pregunto.

—¿Vivir? Eso se hace solo. Ah, ¿con el dinero, quieres decir? Tengo cheques de viaje. Voy a una ciudad y, disimulado debajo de la camisa, me he hecho un torniquete para limitar la afluencia de sangre. Firmo los cheques y los cobro. Al día siguiente, voy a otra ciudad y declaro que los he perdido. Inmediatamente me devuelven el importe de los cheques de viaje supuestamente robados. Hace casi un año que vengo haciendo eso, y que mis cheques de viaje se reproducen como conejos.

—¿Y el torniquete para qué es?

—Para burlar su desconfianza. Un cheque se firma dos veces, cuando lo compras y cuando lo cobras. Para que el banquero te lo pague, compara las dos firmas, que deben ser idénticas. Más tarde, después de que tú has puesto la denuncia, lo comprueban de nuevo y constatan una ligera diferencia que se deberá al torniquete. Así se valida el robo. ¿Qué te parece?

—Excelente idea, porque mis reservas de oro están por los suelos y bajando al sótano; ¡mis perspectivas se van ensombreciendo día a día!

Decido, pues, seguir su ejemplo con los cheques de cien dólares que me quedan. Estoy estresado, pero todo funciona, salvo un detalle. Me he afeitado el cráneo unos días antes, como una bola de billar. De modo que, cuando entro en el banco para declarar el robo de mis cheques de viaje, el banquero me mira mal. Más tarde me entero de que todos los que salen de la cárcel llevan el corte de pelo «sin pelo»; yo para él soy un sospechoso. Las cosas terminan bien y heme aquí un poco más rico que ayer, he doblado la apuesta, pero ese estrés no me conviene. No lo volveré a hacer, soy demasiado miedoso para jugar a ese deporte. Prefiero ir a divertirme a la playa de los *hippies* en Puerto Escondido y comer con poco.

El lugar es soberbio, con montones de jóvenes de mi edad, es lo más. Rápidamente simpatizamos en la playa alrededor del fuego nocturno que chisporrotea miríadas de chispas naranjas y rojas, añadiendo así estrellas a las estrellas. ¡Esta noche, los vapores salinos se han transformado en llamitas sonoras!

Remontamos un pequeño curso de agua tras haber fumado marihuana el mundo es fantástico a la derecha y a la izquierda del camino que seguimos todos en fila india parpadean resplandores verdes y sonoros y parecen una pista de despegue y de aterrizaje de un aeropuerto interplanetario a no ser que sean insectos… ¡luciérnagas tropicales! Llegamos a una cascada de agua dulce bienhechora que nos enjuaga la sal pacífica. Después, regreso al hotel, que se resume en unos pilares en la playa al lado de una cabaña de tablas desgastadas por los besos salados del océano, vivienda de un autóctono que nos prepara una comida rudimentaria. Yo me cuelo en mi saco de plumas, mi casa de caracol que me acompaña desde el principio. Y me extiendo en el balanceo curvo de una hamaca.

¡Al amanecer, me doy cuenta de que es el día de Navidad! ¡Navidad en traje de baño! El surrealismo es mi pan de cada día. Lo imprevisto mi maestro. Tomo mi desayuno de judías pintas y de huevos fritos y seguidamente me voy a bañar, acunado en espumas. Unas brazadas y luego me giro: horror, veo la playa, lejos, muy lejos… He quedado atrapado en una corriente que sale y me estoy alejando de la costa, más a cada segundo. Siento pánico e intento acercarme a la tierra firme nadando a crol. No sirve para nada, me alejo lo mismo. Siento que me voy a ahogar, que voy a morir. No hay nadie que me vea, que me ayude, que me salve, no hay un amigo que me vigile, no hay ningún barco a la vista. Mis padres se enterarán cuando vengan a buscarme al aeropuerto dentro de unos meses. Así que irán a la policía, que investigará… ¡Es horrible! ¡Rápido! ¡Tengo que pensar con claridad!

Intento hacer la plancha, relajarme. Doy la espalda a la playa, me deprime demasiado verla alejarse a cada instante. Me llega un pensamiento: «Es imposible que toda el agua se vaya, por fuerza tiene que volver, si no ya no habría agua entre la playa y yo». Este pensamiento me calma: «Sí, el agua de mar regresa forzosamente a la playa. Pasará por algún sitio». Me aflojo, descanso, ese nadar forzado me ha agotado. Transcurrido un rato, me atrevo a mirar hacia la arena y sus palmeras. ¡Diez metros! ¡Ahora me separan de ellas diez metros, no más! ¡Qué locura! ¿Cómo es posible? ¡Hace un instante estaba quizá a quinientos metros! Dos brazadas y toco la tierra firme, el suelo de las vacas. ¡Qué delicia!

En toda mi vida nunca he sido tan feliz: saborear la simplicidad de las cosas, tocar la arena, mirar el azul, sentir el viento, ser. Me río yo solo, estoy jubiloso, ¡esto es el éxtasis! Mi mano chapotea en las olitas que corren hasta mí. Ruedo por la arena, estoy cubierto de ella por todas partes y respiro, y luego me pongo a cuatro patas. Me importan un bledo los demás, su mirada, lo que podrían pensar de mí. Soy feliz. ¡Estoy vivo!

Así se anula la profecía, el presentimiento que tengo desde siempre de que voy a morir joven. De adolescente, estaba convencido de que no iba a rebasar la edad de 20 años, ¡22 quizá, como máximo! A eso se debió que fuera un tanto complicada mi capacidad para proyectarme en un futuro profesional y aprender algo en el colegio: «¿Para qué? Si me voy a morir dentro de unos años. Nunca seré adulto, nunca viviré más allá de 20 o 22 años». Y ahora, estoy vivo. He dejado la muerte allá, en medio de las olas. Se hundió sin remedio en la negrura de los fondos ocultos, con las manos vacías. Avergonzada. Dentro de unos años me iré a hacerle burla o a domeñarla con una botella de buceo llena de aire, con aletas e instructores. De momento: ¿mañana? Me trae al fresco. Esto es la felicidad…

Se deslizan los días indolentes, volátiles, y los amo.

Hongos alucinógenos

Otra tarde, descubro que ha desaparecido mi saco de plumas. Duro… Las noches a partir de ahora van a ser frescas. Eso me pone furioso y lo busco por todas partes, en vano. El ladrón se esconde.

Continúo mi camino. ¿Para qué luchar contra ese movimiento que, por ahora, me parece incomprensible? Me compro una manta mexicana en la que me envolveré de aquí en adelante. Mi autobús corre a buena marcha hacia Palenque. Voy a descubrir las famosas pirámides. He encontrado un camping rústico, he enganchado mi hamaca y aquí estoy hecho un ovillo en el interior de mi manta, en el fresco amanecer. ¡Un dolor en la rodilla me despierta con sobresalto! Brinco como un diablo de una caja sorpresa y salgo de mi apaño de cama mientras que el zumbido de un grueso insecto lo señala como el culpable de mi dolor, que poco a poco se va calmando; en fin, por ahora. Mi vecino, un mochilero francés, me propone unos hongos. No comprendo muy bien lo que quiere decir.

—Es psilocibina, ya verás, ¡es genial!

—¿Dónde has encontrado eso?

—Dónde, cuándo, cómo, por qué, nos da igual… ¿Para qué sirven las preguntas? Para perdernos, sin duda alguna. Los encuentro en las bostas de vaca, nada más. Si los quieres, aquí los tienes, vas a ver, es lo más.

Me trago los hongos en un tarro de miel a modo de desayuno y me voy, saciado, a pasearme por la selva tropical, cuando descubro un arroyo. «Subiendo por él, me confía un turista, tendrás acceso fraudulentamente al yacimiento arqueológico». Aquello se presenta como un delicioso paseo. Minuto tras minuto, voy penetrando en una voluptuosidad, una sensorialidad magnífica, ligera. Todo allí es hermoso, simple, perfecto. Cada detalle me colma. La marcha me da calor. Me interrumpo al borde de un pilón de agua cristalina. Sumerjo la cabeza para ver en él todo un universo de belleza pura, de transparencia de diamante. Un guardián en el interior de mi cabeza me dice: «Christian, tú no eres un pez, necesitas respirar!». ¡Clic! Inmediatamente, saco la cabeza fuera del agua, medio asfixiado. Inspiro ruidosamente. Me doy cuenta de que esta mañana he consumido una cosa que se llama una droga psicodélica: psilocibina. Y ahí, tomo conciencia de que estoy en peligro si no pongo cuidado; decido reunirme con seres humanos para estar seguro. Me giro, un hombre se encuentra detrás de mí. Me observa…, pero eso apenas me tranquiliza, porque en el lugar de los ojos tiene dos bolas blancas sin iris ni pupila. Me alejo de él y del río para adentrarme en la selva tupida. Unos monos, en las alturas, arrojan ramas hacia mí. Al principio eso me divierte, luego me inquieta. Sigo un camino por fuera de la pista y descubro antiguas construcciones con arcos mayas, bajo un entrelazado de raíces. Estoy lejos de cualquier camino turístico. Todo es tan hermoso, pero mi guardián interior me llama de nuevo al orden: «¡Regresa hacia el camino, hacia la civilización, hacia los seres humanos, hacia la seguridad!».

A mi pesar, doy media vuelta y vuelvo a encontrar el curso de agua y algunas parejas que se pasean también, cogidos de la mano. Continúo y, pasando por el río, me encuentro directamente en el yacimiento sin haber tenido que pagar. Un guardián, exterior esta vez, me observa con ojo suspicaz. Me siento en el suelo. ¡Gente, por fin! Me siento seguro. Si me ocurre algo, alguien habrá que lo vea. Permanezco horas sentado en espera de que se detenga el efecto de la droga, para después ir a descubrir el esplendor del lugar. Mi mirada es atraída hacia el bajorrelieve del frontón de una pirámide, en él reconozco a Buda en meditación; ¡extraño, ¿verdad?, en un lugar maya!

La «cucaracha»

Después de esta aventura, me monto en un autobús que rueda hacia el Yucatán. Estoy cada vez más agotado. La «cucaracha» que me taladró la rodilla ha dejado tras de sí una llaga; de ella rebosa pus gris. ¿Qué hacer? ¡Milagro! De camino, en plena selva, un hospital estadounidense me abre los brazos y me da antibióticos.

Una experiencia más que deja su marca en mi vida: desde la fecha de ese día, ¡todas mis compañeras importantes, encontradas al azar de los caminos del corazón, tendrán patologías de las rodillas y grandes cicatrices! Todas. «¡Christian, acuérdate de la «cucaracha»!», parecen decirme. Pero ¿quién? ¿Quién organiza todo esto?

Pasan unos días. La parte exterior de mi herida está curada, llego a la frontera de Belice. Un *baba cool* me ha recomendado ir a ver sus islas. Es un país muy pequeñito, poblado esencialmente por negros, por descendientes de esclavos, y cuya lengua oficial es el inglés. Tengo sed, unos campesinos mexicanos me ofrecen amablemente agua corrompida, sacada de un pozo. No me atrevo a rechazarla, todavía no he aprendido a decir que no, a decirme que sí, a decir mi nombre, bendecir mi vida.

Bebo y luego prosigo mi camino hacia la capital con el fin de encontrar un barco que me conduzca hacia unas islas –al parecer– paradisiacas (Caye Caulker). Pero observo que mi orina se transforma en Coca-Cola y mis deposiciones en masilla blanquecina. Debo de tener una hepatitis vírica. Estoy amarillo como un limón y el jefe del hotel vacila antes de acogerme. Finalmente, me encuentra un catre debajo de la escalera. No es realmente una habitación, parece más bien un armario empotrado, y allí duermo veinte horas al día. Las cuatro horas que quedan, me las paso en las callejuelas mal afamadas de Belice City. Me han hablado de un médico, que me da algunos tratamientos. Eso me reanima muy poco, pero lo suficiente para buscar un autobús, no me quiero eternizar aquí. Cuando subo al autobús medio vacío, veo una muchacha, sola. Me dirijo hacia ella y me siento inmediatamente a su lado. Es francesa, ¡qué felicidad!

Ya lo sé, para ti es banal, pero ¡date cuenta de dónde estoy, en la otra punta del mundo, enfermo, solo, sintiéndome olvidado de todos! Qué bueno es estar en compañía. Todo mi cansancio, como por ensalmo (y es el caso…), se volatiliza, me invade la energía y también el placer. Me siento tan bien con ella. Vamos a pasar unos días juntos. Iniciamos una hermosa historia. Nos ponemos en pareja. Tenemos proyectos… cuando hayamos regresado a Francia. Súbitamente, de un día para otro, Annick desaparece y nunca más me volverá a dar noticias, debido casi con seguridad –así lo siento– a un mal chiste que he dicho. Es la bajada a los infiernos. Inmediatamente, recaigo: regresan el cansancio, la ictericia y el agotamiento. Espero que se me pase, de autobús en autobús, de hotel en hotel.

Me hablaron de Guatemala como de un país magnífico, pero fue hace unos años. Hoy ese país está en guerra, pero yo no sé muy bien lo que significa eso de «en guerra». Para mí es una idea, un concepto. Le tiendo mi pasaporte a ese aduanero suspicaz; me pregunta si soy comunista. Yo no comprendo muy bien el porqué de la pregunta y digo que no, así que me deja pasar. Me dirijo hacia un lugar de reputación excepcional: el lago Atitlán. El autobús siguiente lo para el ejército. Todo el mundo tiene que bajar; yo soy el único extranjero. Tenemos que volverles la espalda a los militares, con las manos en alto contra el metal del autobús. Yo soy de naturaleza más bien rebelde y, al volver la cabeza, veo en un lugar elevado a un militar que en nada se parece a un guatemalteco. Es alto, rubio, de ojos azules, estilo alemán. Se da cuenta de que le estoy observando y da un paso atrás; los militares nos dejan marcharnos. Más tarde, me enteraré de que hay autobuses cuyos ocupantes son literalmente asesinados, pueblos envenenados con el agua de los manantiales; que hay militares que se visten de guerrilleros con el fin de hacerlos pasar por culpables. ¡Es la guerra, después de todo!

De momento, aquí estoy yo con unos *hippies* mochileros y otros *babas cool,* a la orilla del lago, bebiendo chocolate caliente y haciendo bromas. Uno de nosotros cuenta que ayer a última hora de la tarde, en su alojamiento, entraba mucho humo en los ojos, cuando se cruzó con unos soldados con sus carabinas. Le pidieron que se detuviera. «A mí no me apetecía, así que me dispararon, nos explica él riendo, ¡pero ellos estaban más borrachos que yo *colgao!*». ¡Somos totalmente inconscientes del riesgo real de perder la vida que puede surgir cada día, en una u otra forma!

En un callejón, hay una india tejiendo. Me siento junto a ella y trabo conversación. Lo que hace es magnífico.

—Me gustaría que me enseñara usted a tejer un cinturón.

—Por supuesto… –me contesta.

Pasamos unos días juntos.

—No tiene usted marido.

—Sí. Lleva seis meses desaparecido; ya no tengo noticias.

—¿No le escribe a usted?

—No. Es peligroso hacerlo. Se marchó a unirse a unos guerrilleros y no debe dejar ningún rastro del lugar en el que se encuentra. Ignoro si está escondido o muerto, quizá esté en la cárcel –me dice sonriendo.

—¿Y eso no la angustia?

—Oh, ya sabes, nosotros vivimos al pie de los volcanes desde siempre, de vez en cuando revientan, y entonces desaparecen pueblos, y luego, un día, renacen, o no. Es la vida, así que una revolución, una guerra, una explosión, estamos acostumbrados.

Guía mis dedos bajo las risueñas miradas de su hija jovencilla, de la que de buena gana me enamoraría, para unas cuantas noches de gusto y de brasas bajo la brisa del aire perfumado que me abraza.

Con las manos en los bolsillos de mi ropa maya, abigarrada, deambulo en el corazón del amanecer, con mis ojos acariciadores y acariciados por un paisaje de sueño; mi alma vuela por encima de mí, mi mente me precede, y mi corazón me llena tanto y más que desborda y toca otro paisaje, invisible paisaje.

La consciencia de estar en peligro

Vaya usted a saber por qué, una mañana me despierto con la consciencia de estar en peligro. Tengo miedo. De un solo golpe, todo se suma dentro de mi cabeza: el autobús, los tiros de las carabinas contra mi amigo, ese marido desaparecido, los manantiales de los pueblos envenenados y asimismo todo lo que cuentan. No puedo quedarme ni un minuto más en este lugar. Quiero salir rápidamente de este país, encontrar un autobús. Pero ¿lo lograré? ¿No me matarán por el camino? La frontera me parece inaccesible. Esto se parece a un ataque de paranoia, pero con elementos de verdad. Lío mi petate rápidamente, lleno mi mochila y busco un autobús para que me lleve a la frontera. Corro por todas partes, me impaciento; el tiempo parece estar contra mí.

¡Uf! Ya estoy sentado, viendo las colinas desfilar con demasiada lentitud para mi gusto; cada vez que el autobús aminora, me angustia; ante una parada brutal, busco a los militares. Al oír dar voces, desfallezco, con la respiración corta, mi corazón se detiene, me escondo como lo haría una tortuga que mete el cuello y, cuando por fin veo la frontera mexicana, me relajo.

Tengo la impresión de que ese pueblo, a la orilla del lago sereno, rodeado de volcanes explosivos, ha sido el límite de mi viaje, el lugar más alejado de mi vida de antes. No puedo ir más allá, he tocado el extremo: la belleza en medio del caos; en medio de la locura, la sabiduría de esa mujer que me enseñó a tejer, y la aceptación serena del «ocurra lo que ocurra»; la sonrisa primordial de su hija, reflejo de la creación del mundo; un baño en un pilón de agua termal, caliente de modo natural a la orilla del lago; la visión, en esas mismas aguas tranquilas, de un bautismo cristiano; indios mayas con sus ropas tradicionales, subiendo todos los días las recias cuestas del volcán; las mujeres con su huipil me hacen descubrir una nueva belleza… Hace cuarenta años de eso; ¿era en 1982? No, no creo. Son mi presente, están no sé dónde, grabadas en mí. Ese cinturón de volcanes se convertirá en el punto culminante, en las páginas centrales de la novela que estoy escribiendo en el cuaderno que siempre me acompaña: *Cathédrale, mon amour.*

Este camino del regreso es muy diferente; mi mirada, mi estado interior, el paisaje, los encuentros, mi relación con lo imprevisto, todo ha cambiado.

A partir de ahora tengo que ahorrar, calculo todos los gastos, porque he recibido por correo muy pocos dólares de mi madre. Hago una comida de saltamontes, encontrados en el mercado, me alimento de tacos, de fruta; duermo fuera y hago autostop. Paran dos *hippies* en un minibús. El trasto no tiene parabrisas, lo cual hace que entre la lluvia, así como el viento y el frío del desierto mexicano. Uno de ellos conduce en impermeable, metido en un plumas. Nos detenemos en el corazón de una llanura de cactus. Estamos en el lugar adecuado en el momento oportuno, porque, en un silencio de talco, pasa al galope un caballo salvaje, libre, de una blancura de nieve. No estoy seguro de que sus cascos toquen el suelo. Ya ha desaparecido. ¿Era verdad? ¿Ha ocurrido realmente? ¿He alucinado? No obstante, los tres hemos vivido la misma visión, idéntica, maravillados.

De golpe, de repente, la oscuridad; ¿es la noche que se desploma sobre nosotros como un saco de carbón mal cerrado? No; una tormenta devora el azul del cielo, ennegrece sus promesas con el fin de arrojar a puñados llenos sus relámpagos sonoros. El horizonte es tan hermoso. ¡Qué espectáculo más grande, entre todos, la belleza imprevisible! No me apetece quedarme dormido, de tanto como me subyuga el espectáculo. Soy tan feliz, feliz de vivir, de sentir, de vivir y de ser tocado, de habitar bajo la carpa del momento presente. Dios mío, ¡qué grande es un instante! Desborda desde el infinito sobre todos los mundos. Mis ojos biológicos hacen la guerra a mis ojos emocionales, golosos, que no se cansan de lo inédito del nuevo instante por vivir, pero ganan los primeros: me duermo…

Tras otros giros de ruedas, ya estoy de regreso en Nueva York, en el mismo dormitorio colectivo que a mi llegada. Mido el valor de cada dólar. Es el último día. Mañana tomo el avión para Francia. Me quedan 3,50 dólares para terminar la jornada y encontrar qué comer. En la calle, en compañía de un amigo del albergue, un amigo del instante, vemos un grupo a la puerta de una discoteca. Nos acercamos, cuando dos chicas se fijan en nosotros. ¡Qué felicidad! Nos invitan a comer. Pero cuando nos preguntan el nombre de nuestro hotel y nosotros nombramos ese conocido albergue, bruscamente las chicas se alejan. Nuestro estómago está lleno y nuestro corazón desborda. ¿Quieres un poco?

Regreso a Francia, aeropuerto de París. Me esperan mis padres y yo ya realmente no me siento en absoluto el mismo. Han cambiado, ¡son más bajos! Empezamos a abrazarnos los tres. Yo no puedo dejar de hablar. Tengo tantas cosas que contar, pero estoy sereno, apacible. ¡Sí! Me he convertido en un adulto.

Mi querido Christian

Este viaje no se detuvo aquel día del 19 de marzo de 1982. Prosiguió hasta su conclusión, cerca de cuarenta años más tarde.

Me paseo por las avenidas de México, invitado por turno por los sucesivos organizadores de la Descodificación Biológica en México, Catherine, Terré, Stéphanie, Yadira y luego Edgar. Cada uno de los organizadores viene a buscarme al aeropuerto con cortesía, y después con amistad. Por turno, me alojan en un hotel magnífico en la avenida de los Insurgentes. Me guían por los barrios más bonitos, restaurantes y lugares turísticos. Quieren visiblemente colmarme; y lo logran. Percibo su gratitud sincera cuando me acompañan al aeropuerto al volver.

Una noche de agosto, el 22, en el suntuoso hotel Diplomático, Terré me tiene preparada una sorpresa: ha invitado a un grupo de rock en mi honor, para festejar mi cumpleaños. Están presentes unos cincuenta alumnos. Las mesas están decoradas y, cuando entro en la sala, inocentemente, el grupo ataca un rock endiablado de mi grupo favorito: *Twist and Shout,* de los Beatles. Este regalo sorpresa me anega de alegría. Tengo llenos los ojos, los oídos y las papilas. Unos años más tarde, otra fiesta con otro grupo de alumnos. Han preparado unas diapositivas, unos testimonios inmensos de cómo ha cambiado su vida gracias a la descodificación. Ahí, una vez más, estoy desbaratado de emociones. Mi corazón zozobra. En ese instante preciso es cuando se hace la conexión con el Christian de 24 años, solo, perdido, deprimido, congelado en el corazón del ajetreo de las inmensas avenidas de México, demasiado grandes para él.

He regresado a México y hoy mi presencia tiene sentido. Me sé útil, me lo atestiguan con lágrimas; participo en la felicidad de mujeres y de hombres que me lo expresan. Tomo así conciencia de que se ha cerrado el círculo, de que el Christian de antaño ya no está solo. He venido a buscarlo allí donde él se había detenido, sin capacidad de reacción, transido de soledad, infeliz.

—*¿Y si nos necesitáramos el uno al otro, Christian? —le digo—. Yo te doy la confianza que te falta, te ofrezco la imagen de la hermosa persona que eres en el fondo de ti; y tú, por favor, sigue vivo, hazlo por mí, yo soy tu futuro, cree en mí tanto como yo creo en ti. Vas a superar estas pruebas, vas a transmutar el plomo en oro, tus pesadillas en gozosas realidades, en felicidad realizada, tu soledad en una comunidad inmensa, tu pérdida de sentido en una evidencia mística, una misión, y tu ausencia de memoria en una memoria descomunal; y finalmente el entre dos sábanas glaciales en dulces amores compartidos... Nos amo.*

—*Te amo —me contesta Christian de 24 años—. Sí, digo que sí, voy hacia ti.*

—...

Pasa el tiempo y me invitan a Nueva York para presentar la descodificación a unos estudiantes.

—*Christian, aquí estoy otra vez en Nueva York, no ya en un albergue, sino invitado por dos personas deliciosas: Andrés y Cristina. Nuestra sanación prosigue, Christian, alma mía, amigo mío.*

...

»*Regreso a Guatemala, a Chiapas, al Yucatán, a Oaxaca, con el fin de cuidarte, Christian.*

...

»*Hoy estoy aprendiendo a hacer submarinismo.*

...

»*Aprendo a aceptar ser amado sin tenerle miedo.*

...

»*Aquí estoy otra vez en toda la América latina, de Ushuaia a las Galápagos, de la isla de Pascua al desierto de Atacama, de nuevo voy solo, solo pero conmigo, no ya con una mochila sino con una gran maleta. Estoy terminando lo que se inició hace cuarenta años: viajes y encuentro con mis demonios interiores.*

Por supuesto, todo esto no se llama una terapia, ni siquiera un protocolo; es la experiencia de la vida que, en sí, nos transforma, nos hace evolucionar y crecer. La vida es el más grande de los protocolos.

Disponible para todos los vientos

Regreso de México, primavera de 1982, aquí estoy de nuevo de enfermero en la clínica del Parque Rambot, en neumología, en Aix-en-Provence; es durísimo. Trabajo de noche, y es de noche cuando se muere más la gente. Pasan seis meses antes de que tome la decisión de presentar la dimisión una noche al acostarme. Por la mañana, me ducho, desayuno y luego abro la puerta de mi apartamento para salir al mismo tiempo que Hervé, mi vecino de enfrente. Es subdirector y profesor en el instituto agrícola de Valabre. Intercambiamos unas palabras.

—Estoy harto de ser enfermero de noche. No puedo más.

Sonríe y me dice:

—Hay una plaza vacante en una de mis clases de formación para adultos: CFPPA.

—¿Formación de qué?

—De agricultor.

—¡Excelente! Me apunto.

Me divierte la idea de estudiar la agricultura. A la semana siguiente, empiezo esa formación que durará un año en compañía de los rábanos, melones, tomates y otras hierbas. Estoy al aire libre, respiro, prácticamente no se habla de enfermedades, o solamente de la ictericia del melón. Conozco a gente que goza de buena salud. Estoy haciendo algo totalmente nuevo. He elegido como tema de tesina *L'arbre et autour de lui,* con textos místicos sobre la simbología del árbol. El examinador está furioso: «Esto es una formación agrícola sobre la horticultura, y, que yo sepa, ¡el árbol no es una verdura!». Tiene, creo yo, la sensación de que me he burlado de él; me despide inmediatamente sin escucharme y no obtendré mi título de campesino. ¡Da lo mismo! La historia se repite: la del examen al que no me presenté para concluir mis estudios *sanitarios y sociales.* La historia se repite hasta haber integrado su lección. Me ofrecen un regalo que yo no llevo hasta el final. ¿Por qué? ¿Qué sentido tiene esto?

Ahora sí soy capaz de reanudar mi actividad como enfermero, pero no en una clínica. ¡No! Será a domicilio, a particulares. Voy descubriendo progresivamente una diferencia fundamental entre: *yo voy a casa del otro* y *el otro viene a mi casa.*

En efecto, cuando los enfermos acuden a consultar con un profesional de la salud al hospital, a la clínica o a cualquier otra consulta médica, muchas veces están intimidados, inquietos, sumisos como niños, estresados en todos los casos. Esperan al médico durante horas; esperan, ansiosos, la cita para un prueba que se les ha prescrito, esperan angustiados los resultados. Esperan también a que la secretaria descuelgue el teléfono para darles cita con el médico, con el fin de que éste les explique los resultados de las pruebas, que son insuficientes: «Le voy a prescribir otra prueba».

¡Qué paciencia! ¡Es monstruoso! Y todo esto en lugares anónimos.

Una paciente me lo resumió en esta frase paradójica: «Sabe usted, señor Flèche, para estar enfermo hay que tener buena salud». Quería decir: poder soportar tanto estrés.

En cambio, cuando voy yo a casa de los pacientes, a su domicilio, la televisión está encendida, los niños dan vueltas alrededor de la mesa. Yo me pliego a las exigencias de cada uno: «No venga demasiado pronto, que estoy dormido, ni demasiado tarde, que me habré ido al mercado…». Están relajados. Esto se convertirá más tarde en una metáfora de la terapia: *no es el paciente quien tiene que ir al universo del terapeuta, a su universo mental, sino el terapeuta quien tiene que adaptarse e ir hacia el universo consciente e inconsciente del paciente.*

Esto es lo que yo llamaré «convertirse en el caballo de Troya», es decir, conocer la cultura de cada persona con el fin de poder adaptarse a ella y ser aceptado por el inconsciente. En la leyenda, la ciudad de Troya abrirá sus puertas para recibir un presente: un inmenso caballo de madera con enemigos ocultos en su interior. Con toda evidencia, para el terapeuta se trata de convertirse en un caballo de Troya pacífico. A propósito de este procedimiento del terapeuta, uno de mis profesores de terapia más excepcionales, Alain Moenaert, dice: «La resistencia que opone el paciente es un comentario sobre la falta de flexibilidad del terapeuta».

Como enfermero a domicilio, me levanto a las seis de la mañana para hacer extracciones de sangre y prestar cuidados de higiene.

Poco a poco, año tras año, me voy cansando, me canso de ese trabajo repetitivo, repetitivo. Necesito cambio, novedad. Ciertamente, en mi coche soy libre y autónomo. Puedo escuchar las grabaciones de

Claude Mettra, contador de textos tradicionales que grabo todos los domingos por la mañana: *Les Chemins de la connaissance*. Él es, sin saberlo, mi primer formador: escucho en bucle sus profundos comentarios de las leyendas, me abre la mente, el entendimiento, con una comprensión sutil de las metáforas. Accedo gracias a él a los diferentes niveles de escucha de un mismo texto y exulto de éxtasis.

En todas las cosas se ofrece lo invisible, codificado.

A pesar de todo, voy a tener que cambiar. No puedo continuar siendo enfermero así toda mi vida, levantando a pulso a los enfermos. Me duele la espalda. Tengo la impresión de que alguien me está vertiendo ácido permanentemente en el canal de la médula espinal. Son, hasta la parte baja de la espalda, unos dolores atroces que cesarán de un día para otro en el mismo momento en el que yo cambie de profesión definitivamente y me haga terapeuta, en 1995.

De momento, continúo siendo enfermero a domicilio, viviendo en familia y disfrutando de la felicidad de tener tres hijos chispeantes de malicia, y de su madre.

La consciencia

Los miércoles después de comer soy visitador en el hospital. Así es como conoceré a Édith Lévêque, profesora de escucha rogeriana,[10] con quien cursaré mi primera formación sobre la escucha empática. ¡Extraordinaria!

Una auténtica metamorfosis. Abro la puerta de un universo nuevo, de un plus de consciencia. ¿Hay algún regalo que esté por encima de éste: la consciencia?

Reflexiona un instante, sin consciencia para qué te serviría poseer la casa más bonita y la familia más solícita del mundo. ¿Cuál es el bien supremo: el oro? No, sino más bien la consciencia de lo que es el oro. ¿El amor? No, la consciencia de amar y de ser amado. ¿La salud? Tampoco.

¡Édith Lévêque nos enseña la escucha! ¿Para qué? ¡Pues vaya una idea! ¿Quién la necesita? Nadie; en todo caso, yo no. En realidad, to-

---

10. De la escuela de Carl Rogers. *(N. de la T.)*

do el mundo. Nadie escucha, nadie sabe escuchar y nadie es consciente de escuchar mal y de estar permanentemente deformando lo que cree oír.

En el hospital, en tanto en cuanto visitador, ciertamente presto oído de buena gana. Pero con la luz que Édith va arrojando, empiezo a saber un poquito de qué me está hablando el otro, dejando de imaginar por él, de proyectar lo que creo que me dice y, las más de las veces: dejando de escucharme a mí mismo.

El arte de la reformulación, de la empatía, de la escucha no directiva. ¡Impresionante, el número de seres humanos a los que Carl Rogers, psicólogo estadounidense, ha podido ayudar únicamente mediante la escucha activa!

Rogers da herramientas concretas a mi necesidad de escuchar y de comprender mejor al otro, con el fin de ayudarle en el punto adecuado. Nuestra ayuda, la mayoría de las veces, es prematura; no escuchamos suficientemente para saber qué es lo que realmente necesita el otro.

Por ejemplo, este hombre está cansado. Antoine, mi amigo, le aconseja que beba un zumo de naranja todas las mañanas. Pero el hombre es depresivo y ya no tiene interés en la vida; ¿un zumo de naranja?, ¿de verdad?

La reformulación es una revelación para mí. No se trata de repetir como un loro, sino de volver a contar con las palabras del otro lo que él mismo acaba de decir sin haber sido consciente. ¡Porque vivimos sin consciencia, ni de lo que nos dice el otro ni de lo que decimos nosotros mismos!

He aquí algunos ejemplos de reformulación:

«Si le estoy entendiendo bien, usted siente esto y piensa que eso es…»;

«Mientras una parte de usted sufre si nadie se fija en usted, otra se siente aterrada cuando alguien le ve, ¿es eso?»;

«Si yo me pongo en su lugar: *en este momento todo va mal, nadie me comprende ni me escucha. No obstante, yo hago todo lo necesario para complacer a todo el mundo, y eso les parece normal. Ni un agradecimiento y nadie me pregunta lo que me complacería a mí. Yo soy el empleado de la casa.* ¿Es así?»;

«Usted se siente perdido, ya no le encuentra sentido a nada. Todo lo que ha hecho hasta hoy para ser feliz es un amasijo de fracasos»;

«Si entiendo bien, usted quiere que todo sea perfecto sin tener una idea muy concreta de lo que quiere decir la perfección. En cambio, sí sabe cuándo su actitud no es perfecta»;

«Así, todo es culpa suya, usted se vive como responsable de lo negativo que sienten los que le rodean, pero no de lo positivo; y ellos en ningún caso son responsables de lo que siente usted, ¿es eso?».

Ver el diamante en el otro

Ignoro de dónde me viene esta curiosidad por el otro, la curiosidad de saber quién es, lo que ha vivido, el gusto por aprender y por descubrir su sabiduría, estoy hablando aquí de una sabiduría sencilla, no de la que sólo sobrevive en los libros, salones y facultades. La sabiduría popular no soporta el polvo, pero necesita aire libre. Una de las señales del saber natural es que nunca es complejo o elaborado: *lo que es verdad es simple*.

¿Procede mi sed de saber de una carencia paterna? Dado que mi padre era taciturno y nunca hablaba de él, me ha transmitido, enseñado, poco, creo, de los misterios de la vida o, más simplemente, del cómo vivir en este mundo. Gracias a lo cual yo he estado toda mi vida en busca de un padre de sustitución: mi hermano, al principio; Serge Santa-Loïs, un artista místico, Dios Padre, algunos sacerdotes, mis terapeutas, mis formadores, Alain Moenaert, Georges Baal, el doctor Hamer, y el doctor Erickson, sobre todo. Seguramente también otros de un día, olvidados.

Sea como fuere, este interés por los demás me ha acompañado siempre como una ventana abierta que quiere aspirar un no-sé-qué del paisaje.

Durante mi adolescencia recorrí miles de kilómetros en autostop. Me interesaba inmediatamente por la persona que me paraba: «¿A usted qué le hace vibrar en la vida? ¿Qué tiene usted diferente de los demás? ¿Qué es lo que le motiva por las mañanas para salir del sueño, despertarse, abrir los ojos, levantarse de la cama?...».

Surge una ilustración de mi curiosidad, de cuando era enfermero a domicilio. Tengo 28 años y estoy en un período místico, es decir, abierto a mi mundo interior, instalándome ampliamente todos los días en él para encontrarme en él con lo inefable. Hoy, voy por primera vez a casa de la señora Go. Es la última paciente de mi ronda, tengo todo mi tiempo libre para quedarme con ella, si ambos lo deseamos.

Llamo a la entrada de una suntuosa villa de Aix-en-Provence; me abre la puerta una mujer encantadora. Realmente no tiene edad. Por algunos lados, parece tener unos 50 años, pero al mismo tiempo su maquillaje y su ropa me dan a creer que tiene unos 40, incluso menos. Más tarde me enteraré de que es directora de una sala de fiestas, y, consecuentemente, de ello deduciré que, para esa mujer, la apariencia cuenta mucho.

No vengo por ella, sino por su madre. Tras recibirme de una manera muy agradable, me guía a lo alto de la escalera hacia la habitación de su madre. Al entrar en esta habitación y al ver a esa pobre anciana tumbada en la cama, comprendo muy rápidamente que está infinitamente sola. Esto se verificará posteriormente cuando descubra que la hija y la madre ya no se ven desde hace mucho tiempo, aunque vivan bajo el mismo techo. Tres veces al día, la hija deja una bandeja con la comida detrás de la puerta, y luego la recoge una hora más tarde. Capto que la hija tiene miedo a la fealdad de su madre, a la degradación del cuerpo, a su propia vejez por venir.

Al conocer a esa pobre mujer, tengo, como siempre, la misma evidencia: cada una y cada uno de nosotros posee en lo más profundo de sí un tesoro sin saberlo, y sin saber que el otro también posee un tesoro, una joya inestimable.

Estoy enfrente de esa mujer, enferma, aquejada de un cáncer de huesos, para ponerle su inyección de morfina, porque no hay tratamiento curativo, lo único que se puede hacer es aliviarle el dolor.

Más allá de su delgadez, sé que hay una perla, alguien. Con esta evidencia en el corazón, tengo curiosidad por descubrirla; sé que ella no siempre ha sido vieja, enferma e impotente. Sé, como todo el mundo –aunque todos parezcan olvidarlo–, que esa mujer ha sido joven, guapa, que ha tenido sus sueños, que ha vivido historias de amor, momentos apasionantes, únicos…

Busco, exploro en su pasado: «¿A qué se dedicaba usted en otros tiempos? ¿Cuál fue su oficio? ¿Tenía usted pasiones, aficiones, señora

Go?». Mis preguntas no acostumbradas la sorprenden, pero entra en el juego con alegría, al parecer.

Atisbo furtivamente en sus ojos el reflejo de esa joya escondida, una chispa de luz que dibuja una sonrisa, al fondo de su mirada, en el instante preciso en el que me habla de sus estudios de Bellas Artes.

—Tengo 20 años. Estoy en París. Reproduzco las obras maestras del Louvre. Dibujo…, tengo muchos amigos, jóvenes que me rondan alrededor, pero lo que a mí me arrebata y me colma por encima de todo es dibujar.

Me detengo en esa confidencia para hacerla a ella adentrarse más hacia su chispa, con el fin de que brille, de que ella arda con ella y de que resplandezca su alegría.

—¿Tiene todavía láminas de dibujo? –le pregunto.

—Sí.

—Enséñeme.

Lápices y láminas están guardados religiosamente, como reliquias que se sacan una vez al año, o incluso como los trajes de boda que no se vuelven a sacar nunca más.

—Dibújeme algo, por favor.

Elegimos en sus libros de arte la foto de una estatua soberbia.

¡Ahí está, temblorosa, pero con los lápices en la mano! Dibuja, y dibujará mañana y al día siguiente…

El espectador distraído concluiría que ese dibujo no tiene ningún valor, ningún talento, que es feo. Para el amigo en germen en el que yo me estoy convirtiendo, es lo contrario, hay belleza escondida en ese dibujo.

La animo a que continúe, y así surgen fenómenos imprevisibles.

El primer fenómeno es que los dibujos se van haciendo cada vez más interesantes. La belleza es cada vez más aparente, más perceptible.

El segundo: su hija, que me ve bajar la escalera con dibujos nuevos en la mano todos los días, me pide que le deje verlos y se asombra. Sorprendida, me dice: «Pero ¿es el monstruo de arriba quien dibuja así?». Esos dibujos se van volviendo lindos, a decir verdad.

El tercer fenómeno, aún más interesante quizá, concomitante de manera inexplicable e inexplicada: sus dolores disminuyen, y también las dosis de morfina que debo ponerle, hasta el día en el que ya no las necesita, porque los dolores han desaparecido totalmente. Se ha reconstruido la relación con su hija, y después con su nieta y toda su familia; acaban compartiendo la comida todas juntas.

Años más tarde, mi colega enfermera me da noticias de ella: «Se ha marchado de casa de su hija porque ha vuelto a ser autónoma».

¿Qué ha ocurrido? ¿Cómo es posible esto? Dado que esta mujer ha podido sanar, y que no es una extraterrestre, deduzco que toda persona con los mismos síntomas físicos posee la misma capacidad de sanación. Pero ¿cómo estimular esto? ¿Cómo provocarlo? De momento no tengo ni idea, pero en mi mente se ha abierto algo: eso es posible; ¡nunca lo olvidaré!

En la misma época, siendo aún enfermero a domicilio y místico cristiano, atiendo a una mujer en la ciudad comunista de Gardanne. Le han prescrito antidepresivos en forma de inyecciones.

No me preguntéis por qué, simplemente sé que la cosa transcurre así: entro en su casa, la saludo, preparo su inyección, la veo desesperada, deprimida, con el aire sombrío de una sombra que ensombrece. Toda la familia da vueltas alrededor de esta mujer, de esa desgracia, como alrededor de una tumba. El ambiente es denso. «Señora, lo que usted necesita no es una inyección, sino el amor de Jesús hacia usted», le digo. Ella abre los ojos, la boca, sorprendida, estupefacta. Como buen profesional, dedico a tratarla el tiempo prescrito. Después me olvido de esa mujer. Mi jefe y asociado, Roland, un enfermero más bien de izquierdas, me despide. «Esto no puede ser, Christian, no puedes decir cosas así. Eres buena gente –¡esta frase ya la he oído!–, pero te echo».

Sin trabajo y disponible, ese mismo día me voy a la iglesia Saint-Jean-de-Malte, en Aix-en-Provence. A la salida del oficio divino, me aborda una mujer.

—Me han dicho que eres enfermero a domicilio.

—Sí, en efecto.

—Estoy buscando un asociado.

—¿Cuándo empiezo?

A la semana siguiente ya estoy trabajando con Véronique, aún más mística de lo que lo soy yo. ¿Por qué preocuparse, verdad? Basta con estar alineado, es decir, ser honrado con uno mismo, y lo demás va detrás.

Tres años más tarde, voy andando por una calleja de Aix-en-Provence, la calle Célony, por la que paso rara vez. Cuando llegan a mí unas notas musicales que se evaden de la planta baja de un edificio. Me acerco y veo, a través de la puerta de cristal, a unas personas cantando. Parecen muy alegres. Deslizo la cabeza y luego entro en esa gran sala; son cristianos de un grupo protestante que han venido allí para rezar. De pronto, aquella mujer de Gardanne me reconoce de lejos, viene hacia mí. En absoluto tiene ya el aire depresivo que había en su familia cristiana, como cuando yo la vi en su domicilio. Se ha unido hace algún tiempo a esta familia, gracias a mí, me asegura. Uno nunca sabe las semillas que siembra ni en qué se van a convertir. La espontaneidad en la relación es un misterio, y debe seguir siéndolo. ¿A qué se debe que ocurra esto o aquello?

Estoy en el metro, con el corazón abierto, feliz; voy a visitar a una amiga. Voy sentado, el momento podría parecer banal, olvidado y relegado fuera de toda memoria… De pronto, sube al metro un norteafricano con una mujer rubia muy guapa del brazo, con un vestido azul oscuro.

En el mismo vagón, un francés, con su boina, huele a alcohol. Rápidamente, aborda a la pareja. «¿Qué haces tú con una francesa? ¡Tú eres un extranjero!». Le insulta. El norteafricano se siente agredido, indignado. Deja la chaqueta y se apresta a pelear. Una vez más, el espíritu de la espontaneidad me da alas y me hace actuar, me hace decir lo que, creo, nunca me habría atrevido a decir por mí mismo. Me interpongo entre los dos hombres. El norteafricano me larga inmediatamente un puñetazo, mis gafas salen volando y me oigo decirle, mirándole a los ojos:

—Te amo.

Mis palabras secan de inmediato la oleada de ira roja de aquel hombre moreno. Tras encontrar mis gafas debajo de un asiento, me bajo en la estación siguiente, y él me sigue para preguntarme, para comprender:

—¿Por qué me has dicho eso?

—Porque es verdad.

Después nos ponemos a hablar, hablamos y seguiríamos hablando aún… En cierto modo nos hacemos colegas, amistad que es flor de un día. Me invita a ir a su casa en Argelia para presentarme a toda su familia. Me quedo con sus datos, me separo de él, nunca más lo volveré a ver. Me voy a reunirme con mi amiga, a la que le cuento: «Una fuerza me penetró, me dilató, una fuerza tan agradable, tan gozosa, una pujanza de amor. Sin poder pensar, estaba como si me acariciaran por dentro».

Alegato por la libertad (¿de expresión? no:) ¡de escuchar!

Durante mis estudios como alumno de enfermería, el que yo escuche a la gente es una falta. Me paso en ello demasiado tiempo, una de las razones por las que me expulsan.

Reanudo mis estudios en Aix-en-Provence dos años más tarde. Van pasando los años, decido hacerme enfermero a domicilio. Gracias a lo cual no tengo que rendirle ninguna cuenta a nadie. Me puedo quedar cinco minutos o una hora con un paciente o una paciente si ambos lo deseamos.

Otra de mis estrategias, con el fin de poder escuchar, será formar parte de los visitadores de voluntariado. ¿Cómo empezó esto?

Durante mi estancia en clínica como enfermero, conozco a sor Marie-Lucie, también es enfermera.

—¿Es usted religiosa?

—Sí… ¿Conoces la Biblia?

—No, no me interesa. Practico el budismo zen y me va bien.

En lugar de querer convertirme al cristianismo, manifiesta una sincera curiosidad.

—Yo del budismo no conozco nada. ¿Podríamos tomarnos un rato para que me expliques lo que a ti te aporta, lo que vives en él?

Trabamos amistad, amistad que a día de hoy sigue bien viva.

Algún tiempo más tarde, asombrosamente, me encuentro en presencia de Cristo durante una meditación zen. En ese momento no le doy ese nombre. Mi consciencia se transforma, se convierte a lo esencial. Más tarde volveré a encontrarlo en el exterior, a través de lecturas y testimonios, entendiendo que es él lo que se vive en mí.

Convertido a la dulzura desde el interior, vuelvo a unirme a la capellanía de Marie-Lucie seis meses más tarde; ella es la primera mujer de Francia en ser capellana.

Y todos los miércoles, a primera hora de la tarde, voy al hospital de Aix, a neurología masculina, a visitar a los más aislados. Pasa el tiempo y me caso. Llega después ese algo de misterio inefable, mis hijos. Con más trabajo y menos disponibilidad, procuro mantener esa tarde de visitas. Escucho a cada persona sin intención, sin objetivo, sin aplicar tratamientos; no tengo ningún proyecto de convertir o de sanar, simplemente de compartir un rato y que ocurra lo que ocurra.

Sea como fuere, la última vez que voy a esa sección, la enfermera me indica una habitación en la que hay un enfermo que tiene pocas visitas. Entro en esa habitación que comparten dos hombres; el que ella me ha indicado está hoy bien rodeado. Me vuelvo hacia el otro paciente y le hablo. Me contesta. Mientras me habla él, con el rabillo del ojo veo al otro enfermo, que parece asombrado. Ignoro la razón. Al cabo de un ratito, entra la enfermera en la habitación mientras que yo continúo hablando con ese hombre de esto y de lo otro; la enfermera está aún más sorprendida. Cuando me marcho de la habitación, viene a verme por el pasillo y me dice:

—¿Conoce usted la razón por la que está aquí ese hombre?

—No, claro; no me interesa, yo no soy médico, yo no intervengo en ese contexto.

—Está aquí por afasia, ese hombre había dejado de hablar.

Ese hombre ha recuperado la voz, al parecer. En el mismo momento de nuestro encuentro, todo ha vuelto a ser normal. ¿Por qué? ¿Cómo? Eso es lo que nos interesa, ¿no es así? ¿Cómo comprenderlo para poder reproducirlo? Un hombre vuelve a hablar, una depresiva sale de su depresión, aquella anciana abandona sus dolores óseos y su cáncer. Todo eso se normaliza de nuevo, de modo que es posible... ¡Tiene que existir un camino para provocarlo en todos los demás enfermos!

De la locura al arte

Para ser sincero, la salud no es el eje central de mis preocupaciones de ese momento. Tengo 30 años y me cautivan, me hipnotizan, me alimentan más el arte, la belleza y la poesía. De no ser por la enfermedad de mi madre, yo nunca habría llevado más allá las investigaciones sobre el sentido de las enfermedades y cómo curarlas. Mis amigos, en su mayoría, son artistas. Por mi lado, yo escribo, escribo, escribo tanto y más, kilómetros de líneas. Escribo una novela, *Ouvrez le rideau,* luego una segunda, y una tercera, *Cathédrale, mon amour,* pero también ochenta novelas cortas, un centenar de poesías, de canciones, una pequeña función de teatro, ideas, frases, paisajes. Gano premios, premio de excelencia de poesía (1990), primer premio de novela corta (1990), porque mil sensaciones me atraviesan, me acarician, me trastocan desde la cabeza al corazón, al corazón del alma.

Siempre llevo conmigo un cuaderno, un bolígrafo, con el fin de consignar en el papel mis impresiones, de capturar entre mis redes la sensación fresca y densa de ese instante. Sí, ése, ¡con mucha precisión! Nunca he sentido la angustia de la página en blanco, jamás. Las frases que van a nacer asoman la punta de la nariz y luego se paren mutuamente, una da a luz a la siguiente, de modo natural. Primer lector de lo que escribo, primer descubridor, un inventor en su sentido etimológico. La realidad es que no tengo ideas con antelación, es una conversación desarrollada con un amigo invisible, a través de la bruma de los márgenes de esa blanca hoja a la que ningún árbol ha visto nacer.

Cuando uno está en las nubes, nunca sabe ni cómo ni por dónde va a reaparecer el paisaje; surge brevemente a través de un claro. Tampoco sabemos lo que vamos a decir en presencia de un amigo; ¡el diálogo no está escrito de antemano!

Esta amistad con el arte es muy antigua. Mi padre, en su juventud, se interesó activamente por la música de *jazz.* A decir verdad, en él es una pasión, altamente más importante que la familia, la pareja, los hijos. Él vive en el interior de la música, ella es su casa y su familia, su universo. Probablemente era un disléxico ignorado, el último de la clase, que no comprende nada de las clases. Tiene 14 años cuando su madre lo saca de la escuela, allí está perdiendo el tiempo, para llevarlo de aprendiz con el carpintero del lugar. A los 17 años, oye la fanfarria y ésa es su revelación: la música… La música, la lectura de las notas y de las armonías sí es comprensible para él. De toda nuestra escolaridad, de mi hermano y mía, el único profesor con el que va a hablar mi padre es el profesor de música… para insultarle y decirle que está haciendo mal su oficio.

Mi padre fue el último de su clase. No obstante, antes que otros, fue a escuchar cantar a Brel y a Brassens, totalmente desconocidos en la época, en los Trois Baudets, en París. Trabaja de carpintero para Guy Bedos, Jean-Loup Dabadie y otros.

Ya desde mi infancia, sin querer, él me sensibiliza indirectamente a esa escucha de la belleza. Belleza de la nota. Por otro lado, para entrar en comunicación con él, hay que interesarse por lo que a él le interesa y hablar de música. Toca el saxofón, el bandoneón y el clarinete, y forma parte de una pequeña formación de músicos que alegra todos los sábados por la noche y los domingos por la tarde los bailes en el Moulin Vert, en Vernon; la ciudad en la que más tarde, será casualidad, empezaré yo mis estudios de enfermero; sin embargo, Vernon está muy lejos de casa. En esa época vivíamos en Poissy.

Yo le oigo regularmente hacer sus escalas en el saxofón y el bandoneón, descifrar partituras, ser muy activo en su universo, sin comunicarse casi nunca con nosotros. Mi padre no sabe comunicarse de otro modo que dando gritos, como alguien que sufre. Él está metido en su evidencia, que toma por realidad universal. Si tú tienes un comportamiento inadecuado con su evidencia, eso le pone furioso, violento, cruel. «¡Pensar no sirve para nada! Nunca te vas a ganar la vida con la cabeza. ¡Hay que hacer cosas concretas!», me gritó un día. Ese instante de desvalorización sobre el contenido de mi cerebro me provocó más adelante unas excrecencias óseas del cráneo, bultos que conservo desde entonces. No había que contradecirle, sino encontrar argumentos para validar sus afirmaciones. En el día a día, yo tenía que mantenerme apartado, o adivinar qué comportamiento debía adoptar para no estar en peligro al lado de él, ¡no existir demasiado, o existir exactamente como él lo deseaba!

Tengo 4 años y ya estoy amedrentado, temeroso, otros dirían paranoico. Me siento acosado permanentemente. Ya tengo insomnio. Más tarde aprenderé que eso se debe a la presencia psíquica de mi padre en mí, relación en la cual me siento en peligro de muerte.

Con 65 años, subsiste claramente en mi memoria un sueño nocturno: *en la penumbra de una noche oscura, atemorizado, busco con angustia dónde ocultarme. Debajo de la mesa. Pero mi asesino de ojos rojos merodea. Estoy aterrado pero sobrevivo…*

Todo ser humano está lleno de contradicciones. Un día, mi padre me reprocha que hable y al día siguiente me reprocha que me calle. Cuando me expreso, para él eso son imbecilidades: «No has entendido nada». Inmediatamente me callo para oír que al día siguiente me dicen: «Pero ¿es que te aburres conmigo? No dices nada». Esto tiene un nombre, que aprenderé años más tarde: la doble coerción. Si hago una cosa, mal. Si no hago esa cosa, también mal; y el no encontrar el comportamiento adecuado demuestra que soy un estúpido, un negado, un inútil. La educación o la pseudoeducación que recibí por parte de mi padre estaba llena de dobles coerciones que me creaban una tensión interna en la que yo siempre tenía la impresión de salir perdiendo, sin escapatoria posible.

Está la escapatoria de la locura, por supuesto, la escapatoria del suicidio, del crimen…, escapatorias extremas y violentas. Yo las sentí a las tres deambular alternativamente por mi interior; la que elegí fue la cuarta: la evasión a través de lo imaginario. Lo que más se le acerca se llama el arte, es decir, la creación, la invención, crear un universo paralelo en el que me siento bien, en el que todo es posible. Creador de un sueño que voy creando yo a medida que se muestran mis pulsiones, mis coerciones, mis necesidades, mis demandas.

Rápidamente, ese imaginario ocupará el lugar de la realidad, dado que ésta no me ofrece nada muy interesante. La relación es un espacio complejo: o me siento agredido o me siento desatendido. Tan sólo unas cuantas relaciones con buenos amigos me permiten resoplar, respirar, estar en lo real. La relación con mi hermano se vuelve, así, fundamental. Yo le doy el papel de padre, que él desempeña muy bien. Esto no se dice, esto no se sabe, pero es. ¿Acaso no es con él mi primer mejor recuerdo?

Primer recuerdo de ser amado

Vivimos en Saint-Germain-en-Laye, en la calle Roger-Robereau, que es una calle ciega. Tengo 4 años. Alain, mi hermano, me llama de lejos: «Ven, Christian, ven, que tengo una cosa para ti». Me siento temeroso: ¿se van a burlar de mí, me van a hacer daño, qué otra cosa todavía peor? Voy de todos modos, ¿qué voy a hacer si no? Todavía veo hoy esa puerta de garaje delante de la cual están puestas una silla y una pequeña mesa de metal amarilla y azul. Me invita a sentarme. Todos mis sentidos están en alerta. ¿Qué va a ocurrir? Unos minutos más tarde, aquí viene con su amigo, muy orgulloso, que me trae una taza de chocolate caliente. No creo lo que ven mis ojos, no creo a mis sentidos. ¡Es extraordinario! ¡Algo bueno para mí! ¡Alguien me quiere! ¡Tengo valor!

En ese momento se construye algo para toda la vida, algo potente, definitivo: ¡soy importante para alguien! Mi vida tiene sentido. Es el chocolate caliente más importante de toda mi vida, el primer regalo de amor. Ese día toco el cielo, el cielo toca la tierra y ya nada volverá a ser como antes. En alguna parte, profundamente, algo se sana, se construye, se establece firmemente. Algo se abre y me siento capaz de afrontar más las pruebas y los tormentos familiares. Porque mi infancia va a seguir siendo complicada.

En efecto, ¿cómo vivir en una familia patológica si no es volviéndose patológico? ¿Cómo se puede ser normal en un ambiente de violencia? ¿Cómo se puede estar en paz en un país en guerra? ¿Cómo puede uno estar alegre en medio de personas depresivas? ¿Cómo se puede ser uno mismo cuando es peligroso, cuando está prohibido? ¿Cómo conectarme, y descubrir quién soy –cosa que es el sentido de la infancia y de la adolescencia– en un ambiente de miedo y de sumisión?

Refugio en lo imaginario

Entonces me refugio en ese espacio imaginario, próximo al arte, a la poesía y a la droga; un mundo paralelo cosido en el mismo tejido del que han salido los sueños. Durante años, mis sueños se vuelven más importantes que la realidad. Por la mañana, los cultivo, los revivo, los amplifico, incluso los prosigo, los continúo dentro de mi cabeza. La realidad pierde progresivamente parte de su interés, de su brillo de su atractivo. El imaginario adquiere cada vez más relieve. Poco a poco voy invirtiendo las cosas, una forma de locura suave, una inversión entre el imaginario y la realidad. Evidentemente, es complicado tener proyectos en lo concreto, tener relaciones, cuando todo está desplazado en el imaginario, en el sueño. Estoy desfasado.

Y gracias (a los Beatles y) al señor Lenfant, mi profesor de francés de 6.º curso, el imaginario será dado a luz dentro de una forma, de un marco, de una estructura. Seguramente ese profesor de francés ignora la importancia que tuvo en mi vida. Por otro lado, tú mismo, ¿sabes la importancia que tienes para tantos y más seres que te has cruzado a lo largo de tu vida? Lo ignoras, y es mejor así, para no hacer que tu ego se crea demasiado que existe.

Estoy profundamente convencido de que cada uno de nosotros, tú lo mismo que yo, hemos hecho grandes cosas con miradas, con un gesto; hemos sanado enfermedades, tratado depresiones, evitado suicidios, permitido matrimonios. A veces, obtendremos el testimonio de esto diez, veinte o treinta años más tarde porque volvemos a ver a tal persona que sí que recuerda esa palabra, ese consejo o nuestra mirada benévola. Estoy convencido de que mi hermano ha olvidado esa historia del chocolate caliente, pero yo sé que eso se produjo. Recuerdo igualmente ese fabuloso día en el que el señor Lenfant da comienzo a su clase, tan dinámico y tan ligero, con tanta confianza en nosotros que por fin se abren a mí una luz, cien colores, una sinfonía de playas y de ríos salvajes que crearán un puente, un retorno de mi imaginario hacia la realidad, un arco iris para mandar flechas al cielo.[11] Este puente lleva por nombre la literatura, la escritura, la poesía; el arte que es perceptible, es decir, compartible, comunicativo, revela nuestra vida interior y permite la relación, la intimidad. El señor Lenfant nos habla de la fiesta de fin de curso en la que habrá danza y teatro. Ha decidido que sus alumnos eran poetas y podían prepararse para mostrarlo a través de un taller de escritura. Inmediatamente, aquí estoy, presente, vuelvo a bajar a la tierra, a lo real que de nuevo me interesa, me aspira; estoy con mi profesor, aún veo su rostro delgado y agradable, su sonrisa campechana, su mano derecha siempre en el bolsillo haciendo brincar unas llaves. Estoy en relación con alguien, me comunico, alguien me tiende una pértiga, me ve allí donde yo me encuentro y me aporta la solución. Entonces, con pasión, empiezo a escribir mi primer poema, luego el segundo, luego el tercero, para la exposición de final de curso en el centro Jean-Jaurès de Poissy. En un gran cartel, un árbol de car-

---

11. El autor juega con la pareja «arco/flecha» involucrando su propio apellido, y crea la expresión «flèche-en-ciel» análoga a «arc-en-ciel» (arco iris). *(N. de la T.)*

tón, cuatro frutos que corresponden a las cuatro estaciones. En el interior de esos frutos de papel, escribo mi primer poema: *Aux quatre coins des saisons*. El segundo está escrito en eco a una poesía de Rimbaud: *Le Dormeur du val*. Hago mis pinitos en la métrica, en la musicalidad del soneto. Tengo 14 años.

Le mort village[12]
Junio de 1972

Vert, un village abandonné
Se meurt. Des tuiles s'entassent
Sur un pan de mur tout en crasse.
Un cimetière s'enterre : complet!

Une femme âgée dort ou plutôt prie
A genoux, les mains sur sa face
Tel un prêtre vers son dieu de glace
Elle pleure, qui sait pourquoi ici.

Car une église se tient encore
Non loin, ornée de clairs vitraux,
De statues de fidèles en or

Qui contemplent un Homme-Dieu là-haut.
Mais, plus bas, une vieille femme s'endort
Près de son fils de la guerre mort.[13]

---

12. **El pueblo muerto.** Verde, un pueblo abandonado / se muere. Se amontonan tejas / en un mugriento lienzo de pared. Un cementerio se entierra: ¡completo! // Una mujer de edad duerme o, más bien, reza / de rodillas, con las manos sobre el rostro / como un sacerdote hacia su dios de hielo / llora, quién sabe por qué, aquí. // Porque todavía hay una iglesia en pie / No lejos, adornada con claras vidrieras, / con estatuas de fieles de oro / que contemplan a un Hombre-Dios allá arriba. / Pero, más abajo, una anciana se duerme / junto a su hijo, muerto por la guerra. *(N. de la T.)*

13. ¿Qué memoria me atraviesa? ¿No se llamará Clémentine esa anciana, como mi bisabuela, y su hijo muerto, Marcel?

Estoy tan feliz, tan gozoso de escribir y, sobre todo, de ser leído, de exponer algo concreto, de ser un poquito halagado, admirado, valorizado. Soy yo ahora quien le ofrece un chocolate caliente a quien quiera deleitarse con él.

Qué exquisita sensación la de que la inspiración te esté atravesando. Realmente, os lo deseo a todos. Haber puesto el ego a un lado para que no tapone ese canal; el ego, ese personaje insoportable. Nosotros no somos nuestros pensamientos, pero nos atraviesan pensamientos, sensaciones, obras de arte.

Nuestra historia, nuestros recuerdos, incluso lo que llamamos nuestra vida, son impersonales. Aparecen, nos atraviesan, desaparecen.

Toda creación es impersonal. Es divertida toda esa adulación, idolatría, en torno a los nombres propios: Buda, Jesús, Dalí, Van Gogh, Hendrix, Mozart, Dylan, Beethoven. Esa gran veneración de los nombres, cuando no son nada. No son nadie. Son el canal, en un momento dado, entre el inconsciente colectivo y el consciente colectivo. Son receptores-emisores, nada más. Reciben un ambiente y lo transforman en música, pintura… El artista estadounidense Bob Dylan vive con Joan Baez, en los años sesenta, y produce poesías, textos y canciones con la misma facilidad con la que otros respiran. Él y su máquina de escribir son un solo cuerpo y las frases van saliendo. Un día, Joan Baez le birla uno de sus textos y hace con él una canción sin decírselo. Unos meses más tarde, van los dos en coche, cuando suena por la radio esa canción cantada por Joan Baez. Bob le suelta algo como: «¡Qué chula tu canción! Un texto muy bonito». Y Joan Baez se divierte confesándole: «Pues fíjate, ¡la escribiste tú!». Dylan lo había olvidado porque ese texto no le pertenece. Él lo recibió y lo ofreció. El texto lo atravesó a él igual que el viento atraviesa una flauta.

Un día, una pobre mujer afroamericana revela que la tienen conmocionada las canciones que hace Bob Dylan sobre la miseria humana, él que, no obstante, vive en una casa lujosa. Esa mujer confiesa que a ella nunca la ha comprendido nadie tan bien como ese poeta: «Él dice con palabras lo que yo siento en lo más profundo de mi carne y no llego a formular». Ese día comprendo yo que Dylan no está hablando de su vida, no habla de él, no habla de lo que a él le interesa. Es receptor-emisor y por esta misma razón será popular, le habla al pueblo del pueblo. Adquiere una fama proporcional a la cantidad de todos los que se reconocen en sus textos.

He aquí otra ilustración de esto mediante esta anécdota:

Un día, un hombre pasa por delante de una galería de pinturas y se queda inmóvil delante de una obra; sobrecogido en lo más profundo de sí, conmocionado, entra para comprar ese lienzo. El artista está presente.

—¿De dónde le vino la inspiración relativa a esta pintura? –pregunta el futuro comprador.

—De la lectura de un libro.

—¿Puedo preguntarle cuál?

—*Au nom de tous les miens,* de Martin Gray.

Explosión de sorpresa y de emoción cuando el desconocido le anuncia: «¡Yo soy Martin Gray!».

Transformar la emoción en lenguaje

En mi humilde medida, yo siento eso mismo en la mentada clase de 6.º, como conexiones, de un modo bastante confuso, por otro lado; miro desde arriba mi hoja, blanca como una sábana sobre la que las palabras se estiran, indolentes, lascivas, tendidas como mujeres impúdicas sobre la sábana de ese lecho de papel, cuando a veces canta por mi cabeza una música nunca oída. Placentero.

Estoy aposentado como un gran rey en mi silla de madera y de metal. ¡El 6.º curso! El paso de primaria a secundaria es un hechizo, un gozo. El pasar de un instructor único, sádico y cruel, a una multitud de profesores me da aire, espacio, optimismo. Cuando sólo tienes un profesor y es simpático, todo va bien. Pero si tú eres el blanco de sus burlas, el chivo expiatorio… es el horror durante un año. Tanto más cuanto que ese profe de marras, por casualidad, cambia de clase al mismo tiempo que yo, e incluso cuando repito curso. Por consiguiente, lo tengo tres años seguidos: 4.º, 5.º, 5.º. Un calvario. Me da reglazos en los dedos, me tira de las orejas hasta levantarme del suelo, me compara con mi brillante hermano; un día me pide que me vacíe los bolsillos frente a toda la clase. Yo voy sacando, sacando… Cinco pañuelos, un bañador y diez terrones de azúcar. Todo se explica: tengo catarro (de ahí los pañuelos), me toca piscina ese día y no tengo bolsa de deporte (de ahí el bañador), y soy adicto al azúcar (¿qué le voy a hacer? Necesito dulzura en mi vida y lo que me dan es vinagre). Todas las noches, escondo muchos terrones de azúcar debajo de mi almohada. Por la noche, la angustia me despierta (más o menos todas las horas, a veces con más frecuencia), y entonces chupo un terrón de azúcar; no lo muerdo, lo chupo como el seno de una madre de miel y, deleite tranquilizador, me vuelvo a dormir, sonriente.

Pero hoy, se acabó el azúcar, ya soy mayor, ¡estoy en 6.º! La semilla del profesor ha encontrado tierra fértil, una idea que nunca me había venido a la mente: la poesía. ¡Crear, inventar, transformar mi universo interior en emociones, metamorfosear sensaciones en lenguaje!

Una vez que salgo de clase, vuelvo a casa; mamá no está, seguramente habrá ido a hacer la compra. Estoy de pie en la cocina cuando llega. Voy llorando mientras camino alrededor de la mesa. Lloro con mi pan con mantequilla y chocolate en una mano y un libro de Jacques Prévert en la otra. Lloro abundantemente.

Mi madre está desorientada:

—¿Qué te pasa, Christian? ¿No te encuentras bien?

—¡Oh! ¡Sí, mamá! ¡Pero qué bonito es esto! Estoy conmocionado. ¿Quieres que te lea algo?

Se tranquiliza, se sienta, me escucha. Sonríe. Yo le leo; no: vivo (como lo interpretaría un actor habitado por el espíritu del dramaturgo) unas cuantas frases del poeta parisino.

Prévert me hace descubrir que todo es poesía, un banco, una hoja retenida en un árbol a las primeras escarchas del invierno, que vacila, que dice que sí, que dice que no; una nube que remolonea en el cielo para oír la nota única cantada por un pájaro al que no vemos pero que vibra muy cerquita, un tallo sin flor, un ladrillo, un poste, la baba de un caracol. Todo es poesía, a raudales, y desde el crepúsculo a la aurora, desde el alba hasta el poniente, todo. Como un tercer ojo, como un tercer oído que se abriera.

Es como una puerta secreta que no volverá a cerrarse nunca más, para que en ella se precipite la consciencia poética del universo.

Mi madre, naturalmente, no sabe qué hacer frente a mi llanto de pura emoción; no comprende, así que no hace nada. No obstante, ella también está conmovida por esa dimensión artística y no necesitamos hablar mucho tiempo. Me voy a mi cuarto. Miro por la ventana: el horizonte, el hermoso horizonte se ha ampliado, hay más sitio en el aire para soñar en él. Todos mis sentidos se abren, hasta la mucosa interior de mi corazón, mi vulva de hombre, mi más íntima feminitud. De nuevo empiezo a ver, a oír, a sentir. Renazco. Nazco. A veces intento, pruebo, me atrevo a comunicarme un poquito desde mi mundo interior.

¿Será que el mundo tiene finalmente un sentido? No digo que sea una meta.

Yo me encuentro con los demás a través de su alma. Esto me es mucho más fácil con los animales y con el guiño de cada paisaje, los bosques y el cielo, sobre todo el cielo. Pero, lo confieso, lo que más me enajena y me desbarata, me conmueve, me pone entero patas arriba, me excita y me confunde, son las mujeres, las mujeres jóvenes, las muchachas, las bellísimas, las lindas, delicadas, los pétalos frágiles. El género femenino es para mí un misterio infinito, insondable, imposible de elucidar, incomprensible, inalcanzable. ¿Cuál es el alfarero divino que torneó el huso de vuestras piernas? ¿Dónde puedo reunirme, para ofrecerle mi gratitud, con el escultor supremo que tuvo la genialidad de modelar el torneado de vuestros senos? ¿El hueco de vuestro talle?

Lo presiento, me pasaré muchos de los años que me ofrezca mi larga vida acercándome a vosotras, con el fin de levantar una parte del velo de vuestro misterio, para quedar inmediatamente deslumbrado por la íntima luz. Cegado. A las puertas del infinito tesoro, me interrumpiré para no ser consumido, carbonizado, y convertirme en cenizas en el fuego de mi gozo.

En vuestra compañía, el universo titubea, vacila, se revela ser lo que es, el estuche de esa alhaja que es vuestra gracia.

Desborda una emoción que aún no tiene palabra. Exulto *insensatamente*.

Todos los artistas, todos los poetas sin excepción cantan a la mujer, al amor, la voluptuosidad, la pasión. Ellas son el principio y el fin, la inspiradora central, la diosa sacrificada con más frecuencia en el altar de la incomprensión. ¿De qué química estáis hechas? ¿Cuál es el cirujano genial que os hizo aparecer de la nada? En homenaje a vosotras, cubro el papel con palabras nuevas, nuevos mundos y nuevas estaciones. Visito de nuevo el instante de la creación, la creación de la primera mañana de primavera creada para celebrar vuestra lozanía, vuestra transparencia, vuestro candor, vuestra pureza. El arte me ha abierto el camino hacia las emociones. Las emociones me han llevado hacia la mujer. La mujer me ha nimbado de alegría. ¡Y tantos años para descubrir que la alegría es mi naturaleza!

La aventura poética prosigue y proseguirá. Me hago adolescente. Pero ¿tiene fin la adolescencia? La crisis, sí. La juventud, no.

La crisis es identitaria, ¿quién soy? No sentirse ya un niño, no desear ser un adulto, de ahí el malestar. Además, tengo un sexo de hombre y las hormonas que lo acompañan. El mundo cambia, y las relaciones, y las percepciones, y los pensamientos. Entramos en un nuevo mundo, cambiamos de modelo. Vemos a nuestros padres, doloroso despertar, con todos sus límites, sus miedos, sus fracasos. Y es ahí cuando aparecen en mi vida los Beatles…

Es como haber vivido mi vida hasta el día de hoy en un mundo bicolor, blanco y negro. Por primera vez, súbitamente, aparecen, cual una floración, todos los colores y los medios tonos de las mil y una estaciones.

Eso es exactamente lo que me ocurre en ese mes de abril de 1971 cuando escucho, por primera vez, la música de los Beatles. Su estuche, disco y libro de fotos, *Let It Be,* llega a casa a través de un amigo de mi hermano. Escucho en bucle las dos caras, no me canso, no me canso… Los Beatles me salvan la vida, estar en su compañía es mi primera terapia. Con Neil Young, King Crimson y todos los demás músicos, se convierten en mi verdadera familia. ¡Sí, mi verdadera familia!

Interpretar un papel permite ser uno mismo

Pero mis padres se mudan de casa mientras que yo estoy de vacaciones y, a finales de agosto, no tengo más remedio que reunirme con ellos en esa nueva casa de un pueblo desconocido. Tengo 15 años y me aburro a morir en ese agujero: Freneuse. ¿Tú lo conoces? ¿Quién conoce Freneuse? Ese municipio está perdido en el cosmos cuando tú eres adolescente. Nada que hacer, nada que hacer allí. Uno se detiene de vivir, está entre paréntesis (los padres callan).[14] Todo es culpa de ellos. Bueno, soy adolescente, ¡ya os he avisado! Yo estaba bien en Poissy con mis buenos colegas: Paco, Tonio y todos los demás. Y además en una ciudad se pueden hacer muchas cosas, sobre todo que todo se estaba abriendo: la música, la droga, las chicas, la vida sin padres... Bah, sí, mira, ¡la vida sin los padres es la vida a secas! La mía con ellos es su vida. ¡Evidente!

¡Maldita sea! ¡Lo largos que son los minutos lejos de los colegas, ni os digo! ¡Las horas, los días, un calvario! ¡Las semanas duran una eternidad! Menos mal que tengo mi diario íntimo en el que vuelco todo lo que siento sobre mi padre: mi ira y lo demás. Me da demasiado miedo que él se lo encuentre, así que escribo mal, me fuerzo a ser ilegible. Así estoy más tranquilo para relajarme en el caso de que leyese mi cuaderno. Menos mal que está la poesía. Pero cuando no tienes nadie con quien compartir tu alegría, poco te dura la alegría, y aparece la duda. Y luego, un día, se produce el «milagro»:

Un centenar de personas me están mirando, voy a hablar. No, no, no de la descodificación biológica... Todavía no, ¡voy a declamar algo de William Shakespeare! Tengo 16 años, y el «milagro» se llama Catherine. Toma el autobús todas las mañanas. Desde hace una semana, me he fijado en ella que va al fondo, preciosa bajo su capucha verde. Es realmente soberbia, con el alma acurrucadita en el fondo de sus ojos de miel, con la malicia de un zorro; fácilmente me enamoraría de ella si me lo pidiera, pero es un poco mayor que yo. ¡Bueno! De todos modos, sí puedo contemplarla entre dos páginas de poesía. Esta mañana, mis hojas volanderas, flotantes de poesía embrionaria, se despliegan por el suelo. Ella las recoge y me pregunta:

—¿Qué es?

—Eeeh... ¡Buenos días! ¿Quieres leer?

¡Y allá vamos! Hablamos los dos, esto es la felicidad.

—... Y tú, ¿cómo te llamas?

—Christian.

---

14. El autor hace un juego de palabras gracias a la identidad fonética en francés de «parenthèses» (paréntesis) y «parents taisent» (los padres callan). *(N. de la T.)*

—Yo Catherine. Dime, Christian, ¿te gustaría hacer teatro? Tienes pinta de ser un poco estrafalario, me da a mí la impresión. Estarás bien con nosotros en el grupo.

—Eeeh… ¡Sí, sí, sí, sí, encantado! ¿Cuándo es?

—Todos los sábados por la tarde.

—¡Genial! Y… Escucha, ¿dónde es?

—Es en la iglesia.

—¡Muy bien! Allí estaré.

Y seguimos charlando. Ahí estoy, impaciente y ansioso a la vez por el tiempo demasiado corto, por el tiempo demasiado largo que me separa y me acerca a ese estupendo sábado por la tarde. Y allí, se produce otro milagro: conozco a adolescentes de mi edad, montones de adolescentes. Pero ¿dónde estaban escondidos? Esto es la auténtica felicidad. Un montón de compañeros con los que hablar, reír y, colmo de todo, ¡hacer teatro! ¿Y con quién como director de escena? Con un futuro premio Goncourt, Didier Decoin, hijo del cineasta Henri Decoin. Es un hombre exquisito, delicado, más bien distante. Con él no nos divertimos, pero da lo mismo, de todos modos es más viejo que nosotros. En cambio, nos dirige con mano maestra. Es absolutamente perfecto para sacar lo mejor, lo nuevo de cada uno de nosotros. Basta con que no haya mariposas nocturnas que entren en la sala de la rectoría. Si no, el hombre se vuelve loco y sale corriendo afuera porque estaría dispuesto a hacer cualquier cosa. Cada uno sus fantasías.

Estoy haciendo teatro. ¡Estoy haciendo teatro! ¡Qué felicidad! Así, interpreto las emociones, una vez más y siempre. Es genial, porque no son las mías, sino las emociones de un libro, de otra persona, de un personaje, así que me puedo entregar a fondo. Ya no tengo que ocultarme. Una vez, estoy tan metido en el papel –dicen los demás–, tan cerca, por el contrario, de mi realidad –según yo–, que lloro a borbotones, con grandes hipidos, lloro en escena diciéndole mi verdad a una mujer, justo antes de arrojarme al agua para morir en ella.

El teatro, el grupo artístico de Freneuse (GAF) lo concibió y lo organizó el cura del pueblo. A mí me permite descubrir a adolescentes a los que de otro modo nunca habría podido conocer. Algunos incluso comparten conmigo gustos comunes, como Thierry, por ejemplo, quien cuarenta y cinco años más tarde sigue presente en mi vida.

¿Por qué hablar de teatro? Una vez más, lo que aprendo del escenario estará vinculado con mi práctica de formador, de profesor de descodificación biológica. Ayer, frente a un grupo de espectadores, igual que hoy, frente a los estudiantes, aprendo a posicionarme corporalmente, a estar siempre delante del grupo, a mirar personalmente a cada una y cada uno, a dirigirme a los que están más alejados, a anclar mi voz, a captar al auditorio, a hacer pasar al público de una emoción a otra, a jugar con los silencios.

La primera obra que representamos se llama *Jeanne au bûcher,* de Paul Claudel. ¿Y mi papel? El del verdugo. Yo le prendo fuego a la santa en mi hoguera. Llevo una máscara, unas medias rojas y pintura blanca en el cuerpo para simbolizar el esqueleto. Menos mal que tengo un segundo papel más simpático, el de un campesino del medio rural profundo que no comprende por qué hay que matar a la que salvó Francia. ¡Dualidad de mis papeles!

La felicidad continúa entre bastidores y después de las representaciones. Todas esas emociones, excitaciones, miedo escénico y placer, provocan entre nosotros una gran proximidad, intimidad. Escalofríos, flirteos, roces.

La segunda obra se llama *Le quart de nuit,* de Édouard Peisson. Mi personaje es «Piernas Largas». La historia gira en torno a un naufragio; todos los pasajeros saben que están viviendo su última hora en ese navío, el Beagle, que lleva el mismo nombre que el de Darwin (y, salvo dos letras, de Beatles). Cada uno de los pasajeros reacciona a la muerte ineluctable que se acerca mostrando lo que él realmente es. Algunos con cobardía, otros con valentía, como el capitán; mi personaje reacciona con sinceridad. Sabiendo que va a morir, puede ser auténtico y confesar su amor, a pesar de su timidez, por una de las pasajeras. Me entrego por completo y después salto al agua. En terapia, años más tarde, me doy cuenta de que el diagnóstico de una enfermedad transforma las prioridades de los pacientes, les permite volverse auténticos. «Me voy a morir dentro de un año, dentro de un mes, de una semana. ¿Qué es lo que cuenta realmente? ¿Sigo teniendo ganas de hacer trampas, de alejarme de mí?». El naufragio, al igual que la enfermedad, nos acerca a nuestra finitud, a nuestra muerte, a nuestra vulnerabilidad, y así saca a la luz nuestra profundidad. ¿No es ése, una vez más, el sentido de la terapia? El paciente descubre lo que es verdad en lo más hondo de él, y que nunca habría expresado si no se hubiera presentado una enfermedad o una dificultad en su vida.

La tercera función se llama *La vida soñada de Romeo y Julieta*. Didier ha cambiado el final de la obra de W. Shakespeare. Ha decidido que Julieta se despertaría de esa apariencia de muerte, evitándole a Romeo entregarse a la muerte por amor. Bajo los aplausos, los dos actores cruzan la sala para ir a amarse y fundar por fin una familia.

Así, ¡¿podemos cambiar el final!? ¿No es ésa ya la metáfora de la terapia? Cambiar el destino trágico de una pareja predestinada a la desgracia. De un enfermo condenado a lo ineluctable.

Del arte a la terapia

Las tres cualidades del terapeuta

Observar

Milton Erickson, mi mentor en la terapia, afirmaba que para convertirse en un buen terapeuta, lo que hace falta es dominar tres cualidades esenciales: 1. Saber observar. 2. Saber observar. Y 3. Saber observar.

Algunas de mis cualidades como terapeuta se las debo a mi padre. Desde muy pronto en mi infancia, tuve que aprender a observar sus comportamientos para poder anticiparme a la tormenta. Tenía que adivinar su humor a partir de microseñales como la frente fruncida, los ojos sombríos, cierto pellizco en los labios, gestos entrecortados, una especie de gruñido por todo lenguaje. De hecho, esas microseñales me permitían saber si estaba tranquilo o «de mala Luna», como decía mi madre… Es decir, de mal humor, irascible, susceptible. En este último caso, si yo daba un paso al lado, entraba en la zona de peligro e iba a padecer su violencia. Así, por mi seguridad física y emocional, me fue indispensable aprender a observar, para deducir de ello sus estados internos. ¡Gracias, papá! Si hoy día soy un buen observador, es gracias a ti.

Gracias a ti, abrí de par en par mis cinco sentidos para percibir los detalles de tus comportamientos, oír los matices en el ritmo de tu voz, volumen, tonalidad, y, sobre todo, para utilizar mi nariz. Presentir significa: desarrollar tu intuición, tener olfato, saber de dónde viene el viento antes de ver cómo se abaten el trueno y la tempestad sobre ti, al igual que un monstruo sobre su presa; adivinar lo que va a ocurrir en los minutos siguientes. Mucho más tarde descubriré que los senos nasales, la nariz y sus patologías están vinculados a la angustia del futuro: «¡Esto huele mal! ¿Qué es lo que me va a caer encima?». Tengo que dominar el futuro, controlarlo para sentirme un poco seguro. Hasta esta toma de conciencia, atravesé mi primera infancia, hasta mi adolescencia, con mocos en la nariz, el pañuelo en la mano, aquejado alternativamente de nariz tapada, rinitis, sinusitis y bronquitis. Lo cual justificó, ya desde la edad de 3 años, estancias de curas termales en Luchon, en los Pirineos. Más tarde descubriré asimismo que ése es el conflicto de los terapeutas, médiums y otros intuitivos, que son tan sensibles a los olores. Un conflicto genera siempre varios niveles de soluciones (físicas: rinitis; comportamentales: clariaudiente, intuitivo, médium). El instante presente todo lo aprovecha, utiliza nuestras experiencias pasadas de manera harto sorprendente. Yo creía que la PNL (programación neurolingüística) me había enseñado a observar, a calibrar. ¡Pues no! Ese saber existía ya sin que yo fuera consciente.

Escuchar

Otra experiencia formadora en mi práctica de la escucha del otro: las horas o, más bien, los kilómetros recorridos en autostop. Con este modo de transporte he recorrido, sin exagerar, miles de kilómetros. Yo cruzaba Francia, Italia, los Estados Unidos con mi pulgar dirigido hacia los cielos, como una antena girada hacia mi ángel guardián. No sabría explicarlo, pero en cuanto una mujer, un hombre, se detenía para llevarme a algún sitio, me sentía obligado a conversar, a amueblar el silencio; yo tenía la creencia de que ese automovilista tenía ganas de hablar y ésa era la razón por la que paraba. Pero yo igualmente sentía interés por esa persona; dado que, de todos modos, teníamos un buen rato que pasar juntos –se tratara, por otro lado, de cinco minutos o de cinco horas–, mejor que fuera provechoso para los dos. Evidentemente, para mí, hijo de obrero y de madre ama de casa, el primer beneficio era ahorrar.

Me paso mi adolescencia con unos cuantos francos en el bolsillo para desplazarme, comer y distraerme; de modo que calculo al céntimo. Tengo conciencia de ese pequeño tesoro que debo ahorrar hasta el extremo. Mi madre es también muy ahorradora. Cuando hay salchichón en la comida, le saca los granos de pimienta para echarlos al pimentero; servirán para dar vida a otros platos, como las ensaladas. Igualmente, cuando raspa una cerilla para encender la cocina de gas, cerilla que no se consume hasta el extremo la guarda por si tuviera que encender el fuego de al lado; ahorro. No tiene que desperdiciar una cerilla nueva, para eso bastará la antigua. «Un céntimo es un céntimo», repetía ya su abuela, Clémentine, cuyo marido, Jean, era obrero, ahorrador como todos los obreros. La madre de mi madre, tendera de ultramarinos y viuda muy pronto, con tres hijos de corta edad, tenía que calcular al céntimo. Durante toda su vida tendrá cuidado con el dinero. Cuando le descubren un cáncer de hígado, nadie se lo dice. Ésa fue la decisión del médico, y la familia se hizo cómplice de ese secreto. Así, a mi abuela nunca la trataron por ese cáncer y permaneció en la ignorancia de ese diagnóstico. De vez en cuando va al hospital a que le den un repaso, pero ese domingo, diez años más tarde, quien la ausculta es un médico nuevo:

—Su cáncer está estable.

—Ah… Tengo un cáncer.

Se derrumba, baja los brazos y muere tres días después.

Así, mi relación con el dinero está arraigada en la tradición familiar del ahorro, razón por la cual viajo en autostop.

Una vez más, esa tarde, me siento privilegiado en mi asiento del pasajero, por poder conocer un nuevo paisaje humano. ¿Quién es esta persona? ¿La que me acaba de atrapar en el arcén de la autopista? Sí, ya lo sé, está prohibido ir andando por el arcén de la autopista, pero mientras no pase la policía tienes más posibilidades de llegar más lejos. En efecto, las personas que tienen un largo camino por recorrer no toman las nacionales o las carreteras pequeñas. Quiero ir a Rouen y estoy en Poissy. Veo ese coche que va rodando a buen paso por el tercer carril frenar y luego meterse entre dos camiones para detenerse a cien metros de mí. Me precipito hacia esa soberbia máquina. Busco inmediatamente en ese hombre la diferencia, la originalidad. Con bastante frecuencia, empiezo por la profesión. A los hombres les gusta hablar de sus oficios, a las mujeres de sus familias. «¿Tiene usted hijos, señora?». «¿A qué se dedica usted, señor?». Este hombre es profesor de Filosofía, y eso, decididamente, me interesa. Es, asimismo, uno de los hombres cercanos al jefe del Estado del momento: Giscard d'Estaing. Me cuenta que, una vez que los periodistas han acabado de hacer sus preguntas y por fin se marchan del sitio, ¡todo cambia! Aparece un hombre totalmente distinto, gracioso, ligero. El siguiente automóvil que me coge es el de un psiquiatra de Rouen, Gilles, con quien mantendré correspondencia durante varios meses. Es él, esta vez, el que se interesa por mí. Eso es poco frecuente y me complace; me invita a comer y luego me lleva hasta la puerta de mi casa. Le he revelado que me gusta escribir poemas; eso le divierte, le recito algunos. Tiene unos cuantos amigos que trabajan en la radio. Me afirma que es posible que un actor lea mis poemas si le hago llegar algunos. Cosa que hago.

Otro día, voy andando por la nacional que viene de Mantes-la-Jolie. Me dirijo hacia Bonnières. Y ¿qué decir de esta mujer? He visto claramente que ha cambiado de dirección. Conduce un coche blanco y va rodando por el otro lado de la carretera. De golpe, da media vuelta para poder parar junto a mí, es una mujer de cierta edad para el adolescente que yo soy. Ella conoce un atajo, me afirma. Y resulta que nos desviamos bosque a través. Eso me irrita, sé muy bien que no es el camino más corto, muy al contrario, y le pido que vuelva a la nacional. Ahora es ella la que se molesta. Intenta tocarme la rodilla, acariciarme; comprendo inmediatamente lo que está ocurriendo, pero no me interesa. Así que me deja tirado a la orilla de una carretera miserable y se va a toda marcha.

Por todas estas razones, el autostop es una verdadera escuela de formación en la relación. De relaciones con desconocidos. Quiero decir, personas con las que de ningún modo me habría encontrado jamás en un marco habitual, familiar, de amistad ni escolar. Ninguna posibilidad de cruzarme con su camino, y henos aquí reunidos en el espacio tan reducido de un automóvil.

Se produce otro fenómeno muy curioso. Estoy con una mujer, con un hombre, y los dos sabemos que no nos vamos a volver a ver nunca más. Es el azar el que nos ha puesto juntos unos minutos o unas horas.

No habrá ningún futuro. Ningún compromiso entre nosotros. Podemos decirlo todo, no hay necesidad de mostrarse diferente de aquel que somos. Evidentemente, se pueden hacer trampas, pero aquí no es tan útil como en un lugar en el que sabemos que nos veremos obligados a compartir el día a día durante años con un jefe y montones de obligaciones. Aquí eso sólo va a durar unos instantes; así que saboreo la sinceridad de esas mujeres, la de esos hombres y la mía, nuestra capacidad para lo inhabitual, para lo esencial y no ya para la superficialidad. Y, al igual que en psicoanálisis, no nos miramos a los ojos. El conductor no deja de mirar a la cinta gris de la carretera que está frente a él. Yo, igualmente, voy mirando el paisaje de mi derecha. Pero hablamos, estamos juntos sin el miedo a la mirada del otro, a la percepción de su juicio; a veces, de vez en cuando, cuando ocurre algo, se impone una mirada entre nosotros, cómplice. Y además, el que se para no es cualquiera. Hace falta un mínimo de humanidad, de benevolencia, de solidaridad. La mayoría de las veces, se trata de un ser humano abierto y vuelto hacia el otro, y no encarcelado en su torre de marfil, su egocentrismo y su paranoia.

Lo que a mí me apasiona es esencialmente la diversidad. Un conductor de reparto precede a una mujer guapa, que, a su vez, precede a un hombre de negocios, a un obrero, a un director, confundidas todas las franjas de edad y de niveles intelectuales. Algunos incluso me invitan a su casa a pasar la velada o a comer en un restaurante para poder continuar la conversación. Eso desarrolla aún más mi curiosidad y, sobre todo, mi flexibilidad. ¿Cómo adaptarme a individuos tan diferentes unos de otros? Estoy en plena noche, en pleno frío, en el Macizo central. He decidido cambiar de carretera para ir de París a Marsella. En lugar de tomar la autopista, he elegido la carretera que pasa por Clermont-Ferrand. En aquella época no había ninguna autopista. Se detienen tres jóvenes, salen de una discoteca para ir veinte kilómetros más allá, y decidirán acompañarme doscientos kilómetros.

Este espacio de la cabina del automóvil es un anticipo de la futura sala de consulta; un momento de verdad, de intimidad. En él se expresa lo que es importante, en el movimiento, en el cambio. Con un único objetivo: ir a tal sitio y no querer permanecer más en tal otro. ¡También aquí se trata de una metáfora de la terapia!

En la carretera he desarrollado capacidad para hacer preguntas, para escuchar y luego rebotar rápidamente sobre la confidencia del otro, sobre su palabra. Tan rápido como sea posible. Cada ser humano crea un ambiente a su alrededor; la elección del automóvil, la disposición interior, el orden, la limpieza o no, y las primeras palabras son reveladoras. En esa época, yo todo esto lo percibo inconscientemente y reacciono sin analizar bien lo que ocurre. Esto no se me muestra con todas estas evidencias hasta hoy.

La repetición crea un saber hacer, tanto si haces escalas al piano como kilómetros en coche o páginas de escritura. De modo natural, se instala en mí por necesidad cierta capacidad para estar en contacto con el otro, para estar abierto a lo que hay en el otro de esencial, de diferente, de nuevo.

¿Qué es lo que cuenta: la experiencia o su soporte?

La relación con mi padre, el autostop y el arte fueron mis mejores escuelas en psicoterapia.

La lectura de grandes autores significa para mí ir a casa de un buen amigo. Su proximidad de papel o de vinilo en ningún caso es un fenómeno pasivo. Mis autores favoritos son Rabindranath Tagore, Christian Bobin y Jean Giono. De adolescente, leo todas las novelas de Pagnol, esto puede parecer extraño, pero es como si esos autores formaran parte de mi familia. Una familia lejana, por supuesto, como unos primos segundos o la familia política de cualquier pariente. Siento un vínculo casi fraternal con algunos.

Los más cercanos son los cuatro Beatles. Forman parte de mis mejores amigos, o quizá son como cuatro hermanos mayores que me dan consejos a través de sus canciones. *All you need is love, let it be!*

Esta penetración en el mundo del arte me prepara para mi futuro oficio de presencia emocional. El arte es un transformador de emociones (a veces también de reflexiones, como en el arte conceptual). ¿Qué es la terapia, si no es, ella también, un transformador de emociones o de reflexiones (de creencias, de opiniones, de percepciones sobre la realidad)? Ayuda a la transformación de la emoción oculta (secreta) y prohibida del paciente; en una palabra, un abandono emocional, y le permite evolucionar. Al igual que, así lo creo yo, la enfermedad, el tumor, la úlcera y otros síntomas son creaciones del cuerpo físico, «obras de arte» creadas con nuestra carne, nuestra sangre, nuestro esqueleto, nuestro hígado, nuestra materia. Los síntomas son una transposición de nuestra realidad emocional, que a su vez es una transposición de nuestra percepción de la realidad, de nuestra comprensión de los acontecimientos imprevistos de la vida. La experiencia sigue siendo la misma, lo único que cambia es el soporte.

Hablo de soporte de experiencias, todo es soporte. El problema nunca es la experiencia, sino más bien lo que nosotros hacemos con ella, en otros términos: el soporte. Por ejemplo, diez personas viven un drama repentino, imprevisto, y sienten lo mismo: injusticia, ira. Es la misma experiencia emocional, idéntica. ¿Qué hará con eso cada uno? ¿En qué lo transforma cada uno, en qué soporte?

He aquí varias respuestas posibles de transformación:

- una pesadilla,
- un cáncer de estómago,
- me apunto a un club de boxeo para desfogar mi violencia,
- inicio una psicoterapia para volcar mi exceso de rabia,
- empiezo de batería en un grupo de rock metal para soltar mi saña y vomitar la injusticia que tengo agarrada al cuerpo,
- me paso todo el día pintando cuadros rojos.

Todo comienza con la impresión de una experiencia exterior, que se convierte en una emoción interna, tal como la ira, por ejemplo, que se expresará a través de un soporte de experiencia. Algunos soportes son más cómodos que otros, ¡la elección entre crear un texto poético o crear una úlcera gástrica se toma enseguida!

La creatividad

Creativo, lo soy. Pero no exclusivamente con un papel y un bolígrafo. Lo soy por mis sueños, y sobre todo por mis ensoñaciones, mi imaginario desenfrenado, cuando me despierto por la mañana, y antes de acostarme, o cuando me aburro en clase. Creatividad, asimismo, con mis compañeros; a esto le podríamos llamar: delirio fantasioso; pero, después de todo, es lo que nutre a la humanidad. ¿No vamos al cine, o nos sentamos frente al televisor o ante Internet para contemplar el imaginario de otro, su fantasía que se expresa a través de las películas, de las canciones o, incluso, de nuevos arreglos musicales, de las esculturas, de la pintura y de cualquier otra expresión? Lo mismo pasa con la arquitectura, que percibimos distraídamente mientras nos paseamos por la calle, así como la elegancia de la carrocería de un automóvil. Todo eso se llama creación.

Estamos rodeados de creaciones, desde el mobiliario que nos circunda hasta el urbanismo de una ciudad. Apenas le prestamos atención, y a eso no lo llamamos arte, cuando, no obstante, se trata de creación, y no de otra cosa.

Me paso la mayor parte del tiempo alimentándome de música anglosajona y de poesía; igualmente escucho a los grandes cantantes franceses. Charles Trenet me desbarata. Tengo 8 años cuando oigo a ese loco atravesar cantando el tragaluz de la televisión. Recuerdo nítidamente ese instante: estoy comiendo y ya no me puedo mover ni masticar, con el tenedor inmovilizado entre el plato y la boca. ¿Quién es este hombre? Encarna la alegría de vivir, y algo fresco y potente a la vez. Quiero saberlo todo de él; les pido a mis padres que por Navidad me regalen un disco de él. Después aterrizan en mi vida Brel, Brassens, Le Forestier, Nougaro…

No solamente me alimento de belleza; me lleno de ella, pero, sobre todo, no puedo hacer otra cosa más que querer expresarla, producirla, para por fin sacar algo de mí. Algunos seres humanos son pasivos, reciben las cosas y se paran ahí.

De adolescente, se abrió en mí algo que se llama la expresión poética, la expresión de mi malestar interior, de mis emociones, de mi locura. Esa puerta nunca podrá cerrarse, se convierte en una manera de ser y, sobre todo, de comunicarme, y de seducir también. En presencia de una chica de mi edad, inmediatamente me vuelvo poeta. Me prohíbo ser banal, decir las cosas como todo el mundo, ser previsible, común. Es como si mi piel se transformara; mi sensibilidad es muy extraña, se amplifica. Si la toco o me toca ella, la sensación se multiplica. Me roza su sombra y me hace cosquillas, soy todo escalofríos. Mi piel recibe la tibieza húmeda de su aliento acariciador y me atraviesa un orgasmo de abajo hacia arriba por la columna vertebral.

Me convierto en una placa sensible, como esos antiguos carretes de fotos o también como la última hoja del otoño que tan sólo se sostiene mediante un hilo vegetal a la rama y da vueltas y revueltas sobre su eje bajo los embates insistentes del viento, sin desprenderse jamás.

La vida tiene sentido

La meditación zen, el rezo cristiano, la oración, la *lectio divina*[15] y la espiritualidad mística también me preparan para ser terapeuta. En ellos encuentro el sentido. La vida tiene sentido, la encarnación tiene sentido. Todo es portador de un sentido oculto que nos corresponde a nosotros descubrir y, por lo mismo, buscar. No estamos solos, sino conectados unos con otros de manera no formal, más allá de las apariencias. El amor no es una experiencia afectiva o emocional, sino nuestra identidad original. Lo esencial se sitúa más allá de nuestra voluntad, que no es más que ruido cacofónico que en nada perturba la armonía universal. Así, en presencia del paciente, yo no estoy solo, no somos únicamente dos personas. Estamos en presencia de algo más grande, y yo me convierto en herramienta de ese algo. Esa persona que confía en mí es grande por dentro. Simplemente, se ha separado del sentido al separarse de sí misma.

Tengo la convicción de que, de nuestro pasado, todo puede volver a ser útil otra vez en la construcción de mañana. ¡Algunas de nuestras experiencias se han reciclado sin pedirnos permiso para alimentar lo que somos hoy! Eso ocurre tanto con nuestros fracasos aparentes como con nuestros logros.

Así, mi malestar infantil, mis sufrimientos de bebé, mi aislamiento en el seno de la familia, me darán la proximidad con los pacientes. Entro fácilmente en su universo, estén ellos donde estén, sin miedo. Por supuesto, yo no he tenido todas las experiencias, todos los sufrimientos, todas las desgracias, pero vengo de lejos, de muy lejos. A veces, mi hermano y yo compartimos esta constatación con diversión:

—¡No hemos salido del paso demasiado mal!, eh, ¿hermanito? Con lo que hemos vivido, incluso hemos salido muy bien.

---

15. Leer rezando.

—Todo va bien –me responde él indefectiblemente.

Y tú también, solo en tu desierto, perdido en un valle de lágrimas, al acecho detrás de las ventanas de tu blocao, bajo el furor de una ola criminal, asfixiado bajo un océano de indiferencia, percutido por el tiro cruzado de los cañones, zarandeado por oleadas inciertas, desgastado por los reproches continuos, triturado por la quijada de la injusticia, culpado, criticado por tu amabilidad… ¡Todo eso puede cambiar! No es más que una historia, una percepción. Una información residual. Porque toda emoción tiene una historia. Toda emoción es una historia. Y nuestros males son una parte de nuestra historia inconsciente.

Muchas veces confundimos la sensación con la realidad. Por ejemplo, la culpa es una sensación, pero no es una realidad. Esa sensación tiene una historia, un origen, un punto de partida. Trabajando sobre ese punto de partida, tratando en terapia el acontecimiento, la culpa desaparece. O sea, que se trataba de una sensación, de una percepción. El acontecimiento sigue siendo el mismo, pero la percepción ha cambiado. Y la emoción.

Otro ejemplo: cuando nos sentimos impacientes, se trata de otra sensación. Esa sensación tiene igualmente una historia; otra historia, evidentemente, otro punto de partida. Y cuando recuperamos la historia, la impaciencia desaparece. O la tristeza. O la ira. O el miedo. La realidad del momento presente es inocente, siempre. El otro es inocente. Todo lo que ocurre en el exterior nunca es sino un desencadenante de pasado. Existen acontecimientos desencadenantes de emociones y acontecimientos desencadenantes de enfermedades.

Nuestra percepción de la realidad exterior, al igual que la percepción de nosotros mismos, es una historia que nos contamos inconscientemente. Una vez que hemos tomado conciencia de eso, somos libres.

Porque lo sabemos: existe el movimiento, el cambio. Todo cambia, nada permanece.[16] La pregunta útil es saber qué dirección le damos a ese cambio. ¿Hacia lo peor, hacia lo mejor, hacia la novedad?

---

16. «Tan sólo el cambio es constante», Siddharta Gautama Buda. Excepto una cosa, que sí es estable: la consciencia que es consciente de que algo cambia. Si nada fuera estable, ¿quién se daría cuenta?

Sí, te lo digo con sinceridad, vengo de lejos, y hoy todo va bien. Todo va muy bien. No hay un único camino. Y lo que a ti te parece ser un laberinto es en realidad una pluralidad de opciones. Tras haber creado poesías y otras canciones, creé la descodificación biológica, la poesía de la medicina.

Uno de los caminos es la inmersión en nuestra sensibilidad; esto despierta nuestros sufrimientos olvidados, pero para sanarlos. Mi historia, así como los programas que recibí de mis antepasados, me impusieron conclusiones comportamentales inconscientes. Mediante el trabajo, traje a la consciencia los programas siguientes: «Estoy reparando el duelo no hecho de mi abuela Clémentine respecto a su hijo Marcel», «todo te viene dado», «vienen a buscarme», «si busco, si hago un esfuerzo de voluntad, no funciona», etc.

Esto es verdad para mí; no se trata de la verdad, es la mía. Creo que, cuando un ser humano afirma una cosa, aunque se presente como una ley científica, está hablando indirectamente de sus heridas y de sus programas, con arrogancia, intolerancia y ceguera. Estos programas son, simplemente, nuestra herencia biográfica y familiar inconsciente. La teoría de Freud no es la de Jung, la de Buda o la de Janis Joplin. Porque la vida de Freud no fue la de Jung, y la de Jesús no fue la de Germaine, mi vecina de rellano.

Mi vida, pues, me ha llevado a la conclusión, que no le impongo a nadie, de que no hay vida sin encuentros ni sin imprevistos. Ése es el lugar de aprendizajes y de transformaciones por excelencia. No todos los días, porque la mayoría de nuestras relaciones y de nuestros instantes no son más que refuerzos de nuestra experiencia adquirida, de nuestras creencias.

Estamos permanentemente en una representación teatral. Volvemos a interpretar la misma escena mil veces, y esto en cada encuentro, con actores diferentes, pero a quienes atribuimos los mismos papeles, los de nuestra dramaturgia interior. Mira a tu alrededor, te será más fácil darte cuenta con otra persona diferente de ti mismo. Piensa en un amigo, en un pariente, por ejemplo, da lo mismo quién: ¿cuál es su carácter, cuáles son sus emociones recurrentes, sus comportamientos repetitivos? Es fácil responder. No ha cambiado desde que tú le conoces, ¿verdad? O también aquél al que habías perdido de vista durante diez años. Te vuelves a encontrar con él. No ha cambiado, sigue siendo el mismo personaje, ¡idéntico! Ésa es la fuerza de nuestros programas, de nuestros guiones de vida, del papel que un día, antes de nuestra concepción, «SE» nos atribuyó. Practicamos, igualmente, con la o el que se acerca a nosotros: «Tú eres mi héroe, mi enemigo, mi mentor, mi presa…».

Sí, conservamos siempre el mismo papel, el mismo texto, las mismas emociones, los mismos pensamientos.

Y después, un día, magia, encanto imprevisto…, la irrupción inesperada de algo nuevo. Nunca habíamos oído eso, ni vivido eso, ni siquiera lo habíamos podido imaginar:

«¡Anda! ¡La Tierra está achatada por los polos!».

«¡El inconsciente es biológico!».

«¡El amor es mi esencia!».

«¡El espacio es una creación del tiempo!».

«¡Yo era tu padre en una vida anterior!».

«¡Mis síntomas tienen un sentido y quieren sanarme!».

«¡Yo soy inocente y no hay nadie culpable!».

«Tengo derecho a crear».

Este tipo de experiencia es de una textura particular: el instante anterior es la rutina; además, ni me acuerdo de lo que estaba haciendo. Y, de pronto, lo imprevisto va a grabar para siempre en mi memoria un momento, una ventana a través de la cual las fotos de ese instante viven, cantan y bailan, pegadas a mi cuerpo, y me acarician por dentro.

Entre dos instantes de inconsciencia, aparece algo fresco en lo que la oleada banal de los pensamientos cambia, se interrumpe, para reanudar a continuación un fluir nuevo. Nada volverá a ser como antes.

¿Qué porcentaje de nuestras experiencias y de nuestra vida conservamos como recuerdo? Recuerdos conscientes e inconscientes. ¿Una décima parte? ¡No! ¿Milésima? Tampoco, ¡ni te acerques! ¿Millonésima? Quizá nos vamos acercando a la realidad… La parte de nuestros recuerdos conscientes es infinitamente débil. La de nuestros recuerdos inconscientes es ligeramente mayor. La cuestión está en saber por qué tal acontecimiento permanece en nuestra memoria y tal otro no. ¿Qué es lo que, dentro de nosotros, opera esa criba selectiva y por qué? Yo creo que, para empezar, olvidamos todo lo que entra en el orden de la rutina, de la repetición, del refuerzo de nuestras bases adquiridas. Después, para que haya memorización, como han demostrado los científicos, son necesarios una emoción, un afecto o un sentimiento. Todo lo que es neutro cae inmediatamente en el sótano del olvido. ¿Qué comiste el 5 de enero de 2020? Si no era un día excepcional, como el de tu boda, por ejemplo, es muy probable que no me puedas responder. ¿Cómo ibas vestido el 20 de noviembre de 2016? Tampoco de eso tienes memoria consciente, ni siquiera memoria inconsciente.

Soy antes de ser

Soy escritor antes de ser escritor; terapeuta antes de ser terapeuta; formador antes de ser formador; investigador antes de ser investigador. Registro en el papel novelas, novelas cortas y poesías antes de escribir 25 libros sobre la descodificación biológica. Observo a mi padre, escucho a los automovilistas, con curiosidad por su tesoro, por su secreto; soy visitador hospitalario antes de ser terapeuta. Declamo en un escenario de teatro y de cabaret, posicionándome frente a un público presente para que yo le haga vivir emociones y le hable de sí mismo, de manera disimulada, antes de ser conferenciante y formador.

Soy buscador de los secretos de mi peluche antes de buscar el sentido de las enfermedades. Soy enfermero (del cuerpo), poeta (de las emociones), místico (del sentido) antes de descubrir en las emociones el sentido de los trastornos del cuerpo. Practico la meditación zen, la oración, el rezo, antes de abandonarme a mi intuición durante las consultas.

He aquí un ejemplo precursor con precisión, escrito en mayo de 1981, en el que hablo del espíritu de la descodificación sin, por supuesto, conocerla (diez años antes).

Todas las enfermedades se desprenden de frustraciones. Su remedio es una reorientación de las aspiraciones primitivas. Todas esas somatizaciones se deben a pulsiones, a deseos no cumplidos en el momento en el que éstas se sienten. Cumplirlos incluye iniciar el proceso que va hacia sus rea-

lizaciones. Cuando podemos ser libres de dar comienzo a sus procesos, nos ponemos a pensar. La realización, la satisfacción se vuelve mental, es incompleta y bloquea otros deseos, trae deseos nuevos. Estos últimos se vuelven esenciales, ya no sabemos por qué. De ahí la existencia de nuestra sociedad, sus preocupaciones, sus valores.

*   *   *

Tengo 6 años y, todo contento, voy a ver a mamá para confiarle:

—¡Ya está! Ya sé lo que quiero hacer de mayor, ¡voy a ser veterinario!

Ella pone cara de preocupación, y no de alegría, como a mí me cabía esperar.

«Pero Kiki, ya sabes, esos estudios son muy largos, hay que aprender muchas cosas, pasarse muchos años en la escuela. No estoy segura de que te guste estar sentado tantos años en la escuela».

Su pesimismo, como un microbio pernicioso, me contamina. Pasan los días y vuelvo con una idea nueva:

«¡Mamá! ¡Mamá! ¡Voy a ser pastelero!

—¡No, Christian, hombre! No tienes idea de la hora a la que te tendrás que levantar por la mañana, con lo mucho que te cuesta ya. Y además tendrás que trabajar los fines de semana y los días de fiesta. ¡No estarás nunca con tu familia!»

Tengo plomo en los hombros. ¡Venga! Una tentativa más, será la última:

«¡Voy a ser mecánico!»

—Pero, corazón mío, cómo se te ocurre… siempre con las manos sucias, llenas de aceite usado, de grasa. Siempre tendrás la ropa sucia. Piensa en tu mujer».

De acuerdo, mamá, decidido, no te volveré a hablar de mis sueños, de mis proyectos, me los voy a guardar para mí. Me haré mecánico del cuerpo humano, veterinario de nuestra arca de Noé interior, ofreciendo nuevos sabores a quien lo desee. ¡Me pasaré toda la vida en la escuela, levantándome en cuanto despunte el día para tomar un avión y salir volando lejos de mi país, de mi tierra materna!

*   *   *

Tengo 33 años. Todo está listo. ¿Qué me falta para crear la descodificación biológica de las enfermedades? Tres encuentros con tres gigantes, tres genios, tres historias, porque esos tres hombres sufrieron también: Hamer, Erickson y Marc Fréchet.

EL TIEMPO
DE LOS ENCUENTROS

Todo comenzó con el útero de mi madre

Si hay una estructura de la que no nos podemos escapar es la relación que hemos tenido con nuestros dos padres durante la infancia. Esto es un truismo.

Es un escándalo también. El constatar hasta qué punto influyen los padres en nuestros comportamientos, hasta en los mínimos detalles de nuestro día a día, de nuestras enfermedades, de nuestros pensamientos. E incluso a través de nuestras parejas, jefe, terapeuta, médico, vecino, comerciante, policía, enfermera, leche, gluten, juegos, trabajo, creencias, dinero…, estamos en relación con nuestros padres varias veces al día, sin saberlo. Es así.

Yo he podido hablar de mi padre al inicio del libro, y de la necesidad de convertirme en el observador vigilante de sus gestos, de controlar o, incluso, de crear como otros tantos medios de supervivencia. ¿Y tú?

En cierto modo, puedo decir que, de no ser por mi madre, la descodificación biológica tampoco hubiera existido nunca. Todo empezó con su enfermedad. Estuvo años quejándose. Toda su vida tuvo mi madre, como suele decirse, «una salud muy justita». Creo que todo eso fue un cambio dramático que sufrió de bastante joven. Con 27 años, la operan por tuberculosis y le quitan una gran parte de los pulmones, a consecuencia de lo cual se queda sin aliento rápidamente. Ella evita la fatiga en lo posible. Muy alegre, muy comunicativa y joven de mente, se mezcla fácilmente con el grupo de mis amigos cuando yo soy adolescente, como una adolescente más, sabiendo hacerse a un lado y regresar a su posición de adulta cuando llega el momento. Aunque adulta, mi madre nunca lo fue realmente. Artista, se interesaba por cualquier forma de expresión, especialmente por la pintura, pero también por la literatura. Así fue como mis dos padres me abrieron al arte.

Pero, si bien podemos decir que mi padre me propulsó a la sensación de ser una víctima, mi madre, por el contrario, me orientó hacia el papel de salvador; mi nombre de pila ya me había predestinado a ello. La fe en Dios le permitió sentir confianza y aceptación frente a la vida, de manera incompleta, como todos nosotros.

En efecto, ¿quién es realmente coherente con su propio discurso religioso o filosófico? Nadie, a no ser unos pocos iluminados, místicos excepcionales. Hablamos de la vida en el más allá entre amigos, con convicción, pero una vez que se han ido los invitados, cerrada la puerta, lavados y enjuagados los dientes de los discursos bonitos, puesto el pijama de las costumbres, nos acostamos con el miedo a la muerte y a nuestra desaparición. Hablamos de los ángeles o de los espíritus protectores, pero ¿cuándo confiamos en ellos? Hablamos del amor al prójimo; hablamos de él, no más, y lo practicamos por casualidad y en raras ocasiones, o, si no, porque tenemos un interés. Conocemos intelectualmente las virtudes de aquello que no practicamos: «He leído en tal libro una cosa interesante y que va a nutrir mis conversaciones durante algún tiempo, pero no mi cuerpo. He comprendido con mi cabeza muchas cosas que no transmito a mis actos». Todos tenemos algún ribete de ser esquizoides. De estar divididos.

Nuestra vida sería muy distinta si fuéramos totalmente coherentes con nuestras convicciones, con nuestras tomas de conciencia, nuestras evidencias, nuestro discurso. Parece que somos varios en nuestro interior, cuando menos el que piensa y el que actúa.

Al igual que otros, si bien mi madre era de sonrisa fácil frente a las contrariedades, y eso ciertamente debió de ayudarla hasta cierto punto, yo creo que por dentro la roía una angustia, así como diversas frustraciones. Con la distancia, recuerdo sus momentos de nerviosismo y de ira, como el silbido de la olla exprés que, cuando tiene demasiada presión interna a veces deja escapar un hilillo de vapor que al principio es discreto.

Como escribe el poeta: «La vida es un largo río tranquilo, que tan sólo se rebela en lo que dura una crecida, y luego retorna a su vida de apariencia apacible, disimulando en su seno tanto sufrimiento jamás conocido».

*   *   *

Tengo 8 años y mi madre lleva insistiendo varias noches, yo me niego y después cedo. Me pide que duerma en el lecho conyugal. ¡Qué raro! Yo siento un malestar infinito: acurrucado entre mis padres, me es imposible pegar el ojo ni un solo minuto en toda la noche; ambos se dan la espalda y todavía hoy ignoro la razón concreta de su conflicto. Yo no puedo tocar el cuerpo de mi padre, que me repele, y está prohibido rozar el de mi madre. Al amanecer, desde los primeros albores del día, salto como un cabritillo de la cama, de esa prisión invisible, de esa nasa en la que me asfixio.

Una noche, no más, unas horas que tendrán un impacto durante toda mi vida sobre la calidad de mi sueño, hasta la toma de conciencia, con el regreso a ese instante, en terapia: ése es el escándalo del trauma. Tanto si dura un minuto como una hora, o quizá una noche, se transforma en veneno en la piscina del tiempo, contamina todos los demás instantes de manera invisible, no consciente.

Cada gota de agua de la piscina de marras es un instante de tu vida. Nosotros percibimos el tiempo de manera lineal, estructurada, como un camino por el que vamos avanzando día tras día, paso tras paso, con el pasado detrás y el futuro delante. Eso no es otra cosa que una representación lineal del tiempo, y no de la realidad del tiempo. Por mi parte, yo puedo asimismo representármelo de manera espacial, como esa piscina, cada una de cuyas gotas sería un instante emocional.

Durante esa noche espantosa, oigo sollozar a mi madre, y mi padre inerte. Yo no tengo por qué juzgar sin conocer, y tampoco tengo por qué estar en medio de ellos. Ella sufre.

Han pasado los años y mi madre va a consulta, va de un médico a otro sin que ningún diagnóstico revele su mal. Se queja de su vientre, y su médico de cabecera, como única explicación, le habla de su psiquismo, le dice que todo eso está en su cabeza.

Rodeado por una nieve de cuento de hadas, yo me divierto, estoy en familia durante las vacaciones de invierno, cuando me llama mi padre por teléfono: «Tu madre está ingresada, pero el médico me ha dicho que no era grave». En el camino de regreso, vacilo: ¿tengo que cambiar mis planes y marcharme a ver a mi madre o simplemente *regresar a nuestra casa en Provenza?* Tengo esta pregunta en la cabeza mientras cruzo la ciudad de Valence. Un mural publicitario de la SNCF[17] me da la respuesta: «Ve a París», está escrito, y debajo: «En tren es muchísimo más fácil». Obedezco a ese mensaje del destino.

Uno de mis maestros se llama el principio de sincronicidad[18]

Creo en el principio de sincronicidad. Es permanente, visible, audible, y, sin embargo, nosotros no lo vemos, no lo oímos e, incluso si lo vemos, no confiamos en él. Puede, no obstante, convertirse en un mensaje personal, en la respuesta que estamos buscando, respuesta codificada, ciertamente, al igual que los sueños, los lapsus, los predicados, los síntomas… Todo está codificado mediante un lenguaje que hay que redescubrir cada vez y revalidar siempre. Nada es definitivo.

Sea como fuere, considero la sincronicidad como un lenguaje cuyo autor ignoro. En cambio, sé que ese perfecto desconocido sí me conoce a mí y tiene para mí las mejores intenciones del mundo. ¡Una forma de paranoia positiva en cierto modo!

«Qué pena que la naturaleza nos hable sin cesar y que nadie la escuche», observaba ya Victor Hugo.

¿De qué se trata? En nuestra sociedad occidental, conocemos bien el principio de causa-efecto, acción-reacción: algo existe porque lo ha creado otra cosa más arriba.

---

17. Siglas de la Compañía nacional de los ferrocarriles franceses. *(N. de la T.)*
18. «Coincidencia temporal de un estado psíquico dado, y de uno o varios acontecimientos exteriores que ofrecen un paralelismo de sentido con ese estado subjetivo del momento», Jung.

El segundo principio, más oriental, descrito por Jung en su ensayo *Sincronicidad, principio de relaciones acausales,* me apasiona literalmente: son dos cosas que aparecen simultáneamente. He aquí un ejemplo: llevo unos días acordándome de Christian Argémy, hace por lo menos quince años que ya no tengo contacto con él. Qué sorpresa cuando, al abrir mi buzón de correo electrónico, encuentro un mensaje afectuoso de su parte. No es mi pensamiento el que ha creado ese mensaje, ni ese mensaje el que ha creado mi pensamiento; han aparecido los dos simultáneamente.

Todos conocemos la bibliomancia. Tienes una pregunta, abres un libro y a veces la primera frase que lees es tu respuesta.

Mi amigo Jean-Jacques Lagardet, a quien llamo «el chamán de la descodificación biológica», un gran intuitivo, una hermosa alma sensible, va un poco más allá al afirmar que la respuesta precede a la pregunta. Cuando tienes una duda, un problema que resolver, éste sugiere que pienses en los acontecimientos anteriores a esa pregunta. ¿Qué ha ocurrido? ¿De qué manera son ellos respuestas para eso? Su estatus se convierte en respuesta en el instante en que tú te has hecho una pregunta. La idea, confieso, es muy estimulante.

Recuerdo dos experiencias de bibliomancia. En la primera, estoy en una librería con una pregunta en la cabeza y voy mirando los libros unos tras otros; abro uno al azar y la frase que leo es extraordinaria. Me compro el libro, evidentemente. De regreso en casa, devoro la obra, que me parece muy aburrida; no había en ese libro más que una sola frase excepcional –en fin, para mí–, la que había leído supuestamente al azar.

La segunda experiencia tiene lugar un sábado, a primera hora de la tarde, cuando acabo de clausurar un seminario. Me dirijo para relajarme hacia el centro de Aix-en-Provence. No tengo nada de particular que hacer, a no ser cambiarme las ideas, estar en mi cuerpo después de una jornada estática dando clase, y mis pasos me guían de modo natural hacia una librería en la que entro. Deambulo al azar. Está construida como una vivienda, con diferentes estancias de pequeño tamaño que podrían haber sido dormitorios, una cocina, un salón. Heme aquí frente a un armario y su exhibición de libros. Tomo uno. Me conmociona inmediatamente. Lo leo esa misma velada. Ese libro, que literalmente me llamó –porque yo muy bien habría podido, como de costumbre, al salir del seminario, irme directamente a mi casa–, se convierte en una obra capital en mi biblioteca, una historia increíble. Es la historia verdadera de un enfermo aquejado de una enfermedad incurable, una afectación completa de su sistema nervioso por destrucción de los nervios, lo cual le provoca una tetraplejia, es decir, una parálisis total. Este hombre sanó de aquello, contra toda expectativa. Y, gracias a su experiencia, ha podido asimismo ayudar a muchos enfermos desesperados, afectados por lo que yo llamo «el conflicto del diagnóstico», es decir, una creencia de que ya no hay nada más que hacer, que el futuro ya está escrito, que me voy a morir, que me voy a quedar discapacitado o que las cosas van a ir de mal en peor. Este antiguo enfermo, en su libro *J'ai choisi de me battre, j'ai choisi de guérir,* atestigua no solamente su sanación, sino también el camino no científico ni terapéutico que le ha llevado a ella; una confianza en sí mismo, una percepción abierta del futuro; todo es posible, la utilización de su tiempo, totalmente libre en su caso, para hacerse visualizaciones positivas, varios retornos a su consciencia de un trauma pasado. Doy al descubrimiento de esa obra el lugar de un signo de sincronicidad, yo necesito ese libro en ese momento.

Sé que tú también tienes este tipo de experiencia. Uno no se atreve mucho a creer en eso, nos decimos que es casualidad o un golpe de suerte, dan lo mismo las explicaciones. Ocurre algo, lo demás es palabrería, etiquetas, meter las cosas en latas de conserva.

Tengo 22 años y no sé por qué, pero esta tarde me siento mal conmigo, otra vez ese peso de una vida sin sabor. Decido ir a la cabina de teléfonos para llamar a mi madre. La más cercana está averiada, me dirijo hacia la segunda, que está un poco más allá. Serán las siete de la tarde. Una mujer está dialogando en el interior y no puedo evitar oír todo lo que cuenta, sin querer, no obstante, ser indiscreto. No me percato directamente en ese momento, en ningún caso analizo la situación. Lo que sí sé, sin embargo, es que me voy sintiendo cada vez mejor. El peso de la opresión que me invadía y me impedía respirar se diluye como por ensalmo. Las palabras de esa mujer me hacen bien. Ignoro con quién está hablando, pero es como si me hablara a mí y realmente es mi cuerpo quien recibe sus frases. Me quedo ahí diez minutos recibiendo sus palabras. Cuando por fin cuelga, ya no necesito llamar a mi madre. Esa mujer, con una gran sonrisa, me cede su sitio en la cabina, sitio que yo no ocupo. Me vuelvo, alegre, a mi apartamento.

Creo que la pregunta que hay que hacerse es: ¿qué me acaba de decir esta sincronicidad? Porque cuidado con no desarrollar la enfermedad que consiste en encontrar en cualquier acontecimiento una supuesta sincronicidad, un mensaje:

Voy en coche con Isabelle; de pronto, nos adelanta un automóvil con el número 55 en su placa de matrícula. «¡Guau!, exclama ella, conmocionada, es la fecha de nacimiento de mi tío». Yo no estoy convencido de que se trate de una sincronicidad, y tampoco cuando en el coche siguiente pone: 60.

—Guau, Christian, increíble, sesenta es la edad de mi padre.

—¿Y eso qué te aporta?

—Nada.

—Pues entonces olvídalo, pero dime más bien por qué necesitas ver señales en todas partes. Eso se llama un trastorno del comportamiento.

En cambio, cuando llega a casa la revista *Psycho Cerveau*, revista a la que me acabo de abonar, y mi mujer colombiana exclama: «¡Genial, ya ha llegado!», sí que estamos en presencia de una sincronicidad.

En efecto, los dos nos abonamos en el mismo momento a la misma revista, cuando existen cientos de revistas. Ella habría podido elegir otra para aprender el francés. ¿Y por qué en la misma fecha que yo? ¿Y no un mes antes o dos meses después? A mi entender, esa sincronicidad está ahí para que nosotros oigamos: «Estáis conectados inconscientemente, pero, por favor, ¡comunicaos más!».

La pregunta que plantea este fenómeno es: ¿cuál es el mensaje para mí en ese instante?

La pregunta interesante no es que sea verdad o falso, sino: ¿en qué es útil esto para mí en este instante de mi vida?

Discípulo de este principio de sincronicidad, tampoco me sorprende tanto cuando el cartel de la SNCF me dice que vaya a París. Tomo el tren y heme ahí, en el hospital de Mantes-la-Jolie. He tomado el último tren, son las once de la noche, llevo sal bendita conmigo: estoy en mi período religioso.

Llego al hospital y abro la puerta indicada por la enfermera de noche. En la penumbra, veo a mi madre, cadavérica en el fondo de su cama, tan delgada, tan blanca. Me esperaba cualquier cosa menos eso. Tiene un tubo en la nariz para alimentarla, un goteo en el brazo, oxígeno, y además un drenaje que le sale del vientre. Pero es ella, es mi madre, aunque ya no quede gran cosa de la madre a la que yo dejé sonriente unos meses antes. Estoy feliz, no obstante, de verla y de poder deslizar en su cama los granos de sal que llevo en el bolsillo, bendecidos ya no recuerdo por quíen. En esa época yo daba las gracias por todo, a resultas de la lectura de otro libro fenomenal y que cambió mi vida, al menos durante unos años.

¿La fe o la confianza? No, la gratitud

En ese libro, el autor, Merlin Carothers, un pastor estadounidense, afirma y pone en práctica la importancia de la gratitud. ¡No cuando todo va bien, sino ocurra lo que ocurra! Se basa en algunos versículos bíblicos:[19] cuando todo aparentemente va mal, da gracias también. Si tu hijo se droga, da gracias. Si tu hija se prostituye, da gracias, no para que eso cambie, sino porque eso se desarrolla dentro de un conjunto más amplio, en un conjunto perfecto. Si tu madre está enferma, da gracias. Así pues, eso es lo que hago yo esa noche. Luego llamo a mi padre a medianoche para que venga a buscarme, y hablamos con cordialidad. Al día siguiente mismo, estoy de regreso, solo, a la cabecera de mi madre. En el pasillo me cruzo con su cirujano: «Su madre tiene un cáncer de útero. Es bastante grave. Ella no lo sabe y su padre tampoco. Tengo que decírselo a una persona de la familia, y ése es usted».

Yo tengo tanta fe y confianza que le doy las gracias con una gran sonrisa. Hoy día, cuando pienso en eso, creo que me tomó por loco. Incluso, unos días más tarde, le regalaré una caja de bombones.

---

19. 1 Tesalonicenses 5, 17.

Milagrosamente, mi madre se recupera durante un tiempo. «A los 27 años me operaron de tuberculosis, me dice, y ahora, a los 54, del útero, la primera vez me curé y me voy a curar de esto».

En esa época yo ignoro la noción de ciclos biológicos memorizados, descubiertos por Marc Fréchet. De no ser así, habría tenido curiosidad por preguntarle lo que vivió a la mitad de su edad: ¿54-27-13 años y 6 meses? –¿6 años y 9 meses?, etc. Pero es verdad que tan sólo reconocemos lo que conocemos, y en ese momento yo no tengo idea ninguna de que la vida está organizada en ciclos.

Durante ese período místico, ayuno todos los viernes y entro en oración todos los días. Y ahí, Jesús me habla, responde a todas mis preguntas. Yo no tengo nada más que hacer que arrodillarme en mi pequeño banco de oración, cerrar los ojos, y el contacto se establece: él está ahí, siempre, y yo tan poco. Así me enseña, me construye, me edifica, durante un año y medio… Hasta el tremendo instante en el que me lo pide todo: «Abandónalo todo, no te quedes con nada, salta al vacío».

Y yo retrocedo como ante el amerindio unos años antes, me niego. Tengo miedo de perderlo todo, de perderme, acabo de casarme, y tengo deseos, caprichos: viajar, divertirme, beber, escuchar músicas fútiles. Eso es: ¡ser fútil, superficial! Tengo la creencia de que será imposible disfrutar de placeres en el mundo espiritual, mundo al que me convida Cristo. De modo que, de un día para otro, dejo de rezar.

La entrada en el universo de la medicina no convencional

El doctor Hamer

Han transcurrido dos años desde la operación de mi madre. Lejos de ser bienvenidas, las quejas se imponen y, como un animal dañino, la van invadiendo cada día más. Algo no va bien. Un día, acompaño a mis hijos al pediatra con mi madre. Éste, viendo el estado de mi madre, decide investigar más en profundidad. Le descubren unos ganglios abdominales cancerosos. Rápidamente, yo busco el mejor de los cirujanos de la región, y ahí estamos, en el Hôtel-Dieu de Marsella, frente al profesor A., que pide dinero en metálico para poder intervenir con mucha rapidez. Yo traigo preparado su sobre, él abre un cajón ya bien lleno y arroja en él los billetes. La operación está programada para unos días después. Mi madre no está de suerte, las enfermeras han elegido ese día para hacer huelga. Está muy delgada, come poco y está en ayunas, con vistas a la operación. Está angustiada en la camilla que la lleva al quirófano, pero las enfermeras en huelga se niegan a recibirla. La dejan a un lado en el cuarto donde están las escobas y los cubos de fregar el suelo. Ya, unos meses antes, durante un paseo, había perdido su documento de identidad. Estas pequeñas señales pueden alertarnos sobre el conflicto profundo, precisamente el de los ganglios que protegen la identidad (cuando la tenemos). Sincronicidad.

Finalmente, operada un poco más tarde, vuelve al hogar en nuestra casa de Provenza. De nuevo, el salvador (yo mismo), que no dormía profundamente, busca cómo ayudarla más. Una amiga me habla de una médico muy particular que hay en Marsella, Juliette Lephalle. ¿Su práctica? ¡Todo lo que no es convencional!

Primer contacto por teléfono con ella, con el fin de obtener una cita para mi madre:

«Buenos días, caballero; no deseo ver a su madre en la primera cita, sino a alguien que la conozca, de su familia, de su entorno, porque el enfermo nunca sabe hablar de sí mismo, de lo que él vive. Todos, varones y mujeres, estamos sordos y ciegos a nosotros mismos y somos más lúcidos para con los demás». ¡La paja y la viga!

Quedo a la vez sorprendido y seducido por la lógica de esta mujer. Voy a su consulta y heme aquí en una a modo de gruta, de la que se desprende un ambiente mágico, místico, particular, con el busto de santa Teresa presidiendo en una alacena y unos cuantos Budas aquí y allá. Me pregunta sobre el diagnóstico: cáncer de útero, y luego sobre su vida privada. Y concluye: «Tiene que divorciarse para sanar». A mí eso me desestabiliza, no comprendo muy bien por qué.

Ella me tiende un librito blanco que se llama *La genèse du cancer*, escrito por un tal doctor Hamer. En mi situación, uno está dispuesto a creerse lo que sea, y compro ese opúsculo al mismo tiempo que ella prescribe, para mi madre, complementos alimentarios, vitaminas en altas dosis, remedios homeopáticos y flores de Bach. A todo esto, mi madre no le dará uso alguno. Ella, que come tan poco, rápidamente se asquea tan sólo con ver todas esas enormes cápsulas de colores encima de la mesa. Hay demasiadas. Después, vamos los dos a la segunda cita con la doctora Lephalle. A la salida de la consulta, mi madre me dice: «Me ha caído muy simpática». Me harán falta años para comprender que lo que le ha hecho bien, más que ninguna otra cosa, es la relación, la confianza en esa mujer, su escucha, su amabilidad.

No obstante, en mi inconsciente ha quedado grabado: «Se tiene que divorciar». Mi madre tiene 54 años, y yo también, cuando tenga 54 años, me divorciaré del divorcio que mi madre no pudo realizar ese día; ni tampoco más tarde, por cierto. ¡Sus creencias no se lo permitían!

Pasa el tiempo, yo apenas he abierto el librito del doctor Hamer.

Mi madre regresa a su casa y fallece. Un año después de su muerte, me vuelvo a acordar de ese librito y cuando lo abro ya no lo suelto. ¡Es todo de tal evidencia! Yo soy enfermero, ¡lo que estoy leyendo es tan lógico que no comprendo cómo nadie se ha dado cuenta antes!

El autor pone numerosos ejemplos concretos para ilustrar su intención: los cánceres tienen todos como origen un *shock* emocional biológico específico. Empezando por su propio ejemplo. Pero reanudemos desde el principio.

Alemán y médico, Hamer vive en Italia desde 1976 con su esposa, médico también. Es una mente curiosa. Registra varias patentes con el proyecto de vivir de sus derechos y, así, tratar sin cobrarles a los pobres de la ciudad de Nápoles. Inventa un bisturí particular utilizado en cirugía estética,[20] una sierra para los huesos, una camilla especial de masaje, un aparato de diagnóstico mediante el suero en aplicación transcutánea. Por otro lado, es radiólogo. Todo esto está lejos de ser anodino. El sentido de su proceder parece ser el de penetrar en el interior del cuerpo humano sin hacerle sufrir: inicialmente, para comprenderlo (radiología, diagnóstico transcutáneo), después tratarlo (sierra) y finalmente mimarlo (masaje). No obstante, todos sus proyectos se vienen abajo en un instante: en agosto de 1978, en plena noche, durante sus

---

20. El «Hamer-Skalpell» permite intervenciones plásticas sin hemorragias.

vacaciones en Córcega, su hijo Dirk recibe una bala en la arteria femoral. Lo trasladan a Marsella. Aquejado de gangrena, lo operan diecinueve veces, pero muere cuatro meses más tarde en los brazos de su padre.

A principios de 1979, Hamer es hospitalizado por una enfermedad de un testículo. El profesor de oncología le anuncia, sin miramientos: «Hamer, es un cáncer, ya sabe usted a qué atenerse». Operado de su cáncer del testículo, le dan un 1 % de posibilidades de supervivencia (tiene numerosas metástasis en el abdomen).

Investigador por naturaleza, no es sorprendente que Hamer se haga preguntas. Investiga en su interior (y no en el exterior: contaminación, alimentación…) sobre el origen de su cáncer.

En septiembre de 1981 germina en él la idea del vínculo causa-efecto: *shock* emocional-cáncer. ¿No sirve el testículo para generar hijos? Pues, entonces, ¡habría que buscar el sentido de las enfermedades en la función del órgano enfermo! ¿No ocurrirá lo mismo con todas las enfermedades? El doctor Hamer se basa en su propia enfermedad para generalizar el vínculo entre dos acontecimientos: testículo-fallecimiento del hijo; órgano-*schock* emocional.

La noche siguiente, se le aparece su hijo en sueños para confirmar lo atinado de su deducción: «Lo que has descubierto, Geerd, es verdad, es absolutamente cierto. Te lo puedo decir porque ahora yo sé de eso más que tú. Has sido extraordinariamente sagaz al descubrir eso. Esto va a desencadenar una revolución en la medicina. ¡Puedes publicarlo, yo asumo la responsabilidad! Tienes que proseguir tus investigaciones, todavía no lo has descubierto todo. ¡Aún te faltan dos cosas importantes!».

A partir de ese instante, él proseguirá incansablemente sus investigaciones, inicialmente sobre el sentido de los cánceres y después sobre el infarto, la epilepsia y todas las patologías físicas, y, para terminar, sobre las psicosis. A partir de ese momento, en los encuentros con sus pacientes se comporta de una manera más humana que médica, les hace preguntas sobre su vida, sus dramas, sus vivencias.

Las preguntas condicionan las respuestas. Si tú crees que todo viene de la alimentación, preguntarás a tus pacientes sobre la elección de sus alimentos y no obtendrás ninguna información sobre su vida emocional. Si tu creencia respecto a la enfermedad es que todo viene de los antepasados, interrogarás sobre este tema y tan sólo obtendrás informaciones sobre la memoria y los secretos familiares. Nuestras creencias condicionan nuestras preguntas, que, a su vez, condicionan nuestras respuestas, que, a su vez también, refuerzan nuestras creencias.

Hamer se basa no en la psicología, como muchos de sus predecesores, sino en la biología, es decir, en el funcionamiento del cuerpo humano. La idea de creer que el cuerpo no está en modo alguno separado de la mente es muy antigua. Sócrates (siglo v a. C.) afirmaba: «No debemos emprender la sanación de los ojos sin haber sanado la cabeza».

La lógica biológica

A la lectura de ese opúsculo comprado en la consulta de la doctora Lephalle, atisbo que las enfermedades tienen un sentido. Siendo enfermero, conozco la realidad del cuerpo humano, su funcionamiento y eso a lo que llamamos la fisiopatología. Su hijo ha muerto, fabricar más testículo para que haya más espermatozoides es una respuesta adaptada, biológicamente hablando, e intelectualmente estúpida.

Deseo saber más. ¿Hay alguna terapia? ¿Cuál? ¿Podemos así ayudar a sanar las enfermedades en su fuente? Yo me paso todo el día viendo enfermos; si la teoría de ese médico alemán hace honor a su promesa, todo puede cambiar en nuestra vida.

Llamo al número que se indica en el libro, me contesta una mujer: se organizan formaciones en Chambéry. Decido regresar a la escuela en cierto modo. Ese día no es él quien da la clase, sino una de las especialistas de sus teorías, la señora Gros. Somos una docena de personas en su apartamento. Las sillas están colocadas en círculo en su salón. Durante dos días, ella nos expone las teorías del doctor Hamer y todo brilla con el destello de la justeza.

Se estudian uno por uno los órganos más importantes del cuerpo humano y sus patologías más frecuentes. La señora Gros, para permitirnos comprender y sentir el conflicto específico de cada órgano, se basa en la historia de sus pacientes.

Aún la oigo con su infinita paciencia: «Un jefe cocinero le permite a un empleado que coja un pastel. Después, le castiga. El operario es despedido y encuentra que eso es algo "asqueroso, podrido". Desarrolla una patología del colon».

A un epiléptico le dan comienzo sus ataques a la edad de 17 años. Siempre tiene el mismo sueño con Papá Noël; el sueño se inicia con un timbrazo, después el paciente se despierta, a continuación de una enuresis y con parálisis del brazo izquierdo. El origen de su epilepsia parece remontarse a la edad de 3 años: para castigarle, le dicen que va a venir Papá Noël y se lo va a llevar. Después, timbrazo; el niño está aterrorizado y se pone a temblar, entra en estrés neuromuscular. La señora Gros nos explica cómo se realizó la terapia. Reconstruyeron la escena, como en las técnicas del psicodrama; el terapeuta interpretó el papel de Papá Noël y los ataques desaparecieron.

Para explicarnos el *resentir* de las enfermedades del hígado, nos pone el ejemplo de una terapia realizada por el doctor Hamer. Nos explica previamente que una de las grandes funciones del hígado es almacenar la energía en forma de glucógeno, que es el carburante del cuerpo humano. Si por desgracia viene a faltar el alimento, el cuerpo almacenará más glucógeno y, para ello, aumentará el número de sus células hepáticas, es decir, la masa de su hígado. A eso se le llama un tumor de hígado. Esta es la teoría del doctor Hamer, que tan bien coincide con la historia de mi abuela tendera de comestibles.

Cuando un paciente, aquejado de ese cáncer, le confía: «Lo he perdido todo, me he quedado sin trabajo y tengo un préstamo a las espaldas, y esto es lo peor de todo», el doctor Hamer empieza, lo primero, por asentar su propio diagnóstico, es decir, el origen emocional de su enfermedad. Después decide el tratamiento, su forma de terapia: sabido esto, ¿qué hacemos para sanar definitivamente? En un primer momento, el doctor Hamer le dará dinero; después, no le cobrará la consulta. Luego va al banco para hablar con el banquero y explicarle que su cliente tiene un cáncer de hígado: «Tiene usted que dejar de pedirle dinero. Al contrario, anule totalmente esa deuda; si no, su cliente se va a morir, y de todos modos no podrá pagarle».

Yo me pregunto: ¿es esto realmente terapia?

Con ocasión de este primer curso, conozco a personas inhabituales, abiertas, curiosas, amables. De regreso al hotel el sábado por la noche, imposible dormir, aun sintiéndome totalmente sereno, tranquilo. Estoy sentado en la cama, con los ojos abiertos, con la creencia de que mañana domingo voy a estar agotado para seguir el curso. ¡Pues no! Al contrario, al día siguiente tengo más energía. Esa misma noche ya estoy de regreso en familia, desbordante de entusiasmo. Me acuesto y vivo una segunda noche sin sueño. Años más tarde, comprenderé que acababa de solucionar mi conflicto de las glándulas córtico-suprarrenales, es decir: «He encontrado mi camino, mi vía». En efecto, esta glándula hormonal ha vuelto a fabricar cortisol, lo cual me da toda esa energía. Una tarde, en casa de un amigo, Jean-Guillaume Salles, después de una sesión de terapia, tuve esa sensación de haber encontrado mi camino, la dirección adecuada. Mis glándulas, así lo supongo, vuelven a fabricar esa hormona del estrés, del estrés positivo, que es el cortisol.

Regreso con asiduidad a Chambéry, fuera de los seminarios, con el fin de continuar mi aprendizaje. El equipo me enseña la lectura de los escáneres del cerebro y cómo discernir en ellos los conflictos activos y los que están en proceso de sanación. Esto no tiene nada de evidente y se parece más a la lectura de una bola de cristal que a un estudio científico. No obstante, debo confesarlo, las especialistas presentes en el lugar tienen un verdadero talento para discernir los conflictos de su paciente. Al no ser yo médico, y menos aún radiólogo, abandono rápidamente ese aprendizaje.

Asisto a algunas consultas. Una mujer se presenta con su marido, y también con una traductora; es española. El diagnóstico que le han dado es un tumor del cuello del útero. El código propuesto es «frustración sexual». La especialista indaga si en su día a día ella ha sentido eso.

—¡Evidentemente! En cada relación sexual mi marido se pone preservativos; yo me siento frustrada, separada de él debido a esa barrera de caucho.

Expresa esto con mucha emoción.

—¡Dejen de utilizar los preservativos! –propone la especialista, que es una mujer de 50 años, soltera y sin hijos.

—¡Pero nosotros no queremos tener hijos!

—Los niños son muy lindos. Si vienen, estará usted feliz.

Yo observo el rostro de esa mujer, en absoluto convencida por esa solución. Aunque puede validar sus *resentires* de frustración sexual, que la especialista señala como responsable de su patología del cuello del útero, yo la veo marcharse de la sala dando las gracias con una sonrisa crispada.

Yo también estoy insatisfecho en cuanto a la terapia, pero asimismo en cuanto a la comprensión del origen de su enfermedad. Me cuesta aceptar que sea esa fina capa de látex la que provoca tantas emociones y una dolencia. ¿Ha subido realmente la especialista hasta la fuente para descubrir allí el problema real? Lo dudo. Otras mujeres pueden tener el mismo *resentir* que esta paciente sin tener síntomas en el cuello del útero.

Pero, a pesar de mis dudas, yo nunca había oído nada semejante que diera sentido. ¡Porque la enfermedad tiene un sentido, por fin!

Atreverse a cambiar el paradigma

El próximo seminario con el doctor Hamer está programado en octubre (1991). En los encuentros anteriores, la señora Gros nos ha detallado los conceptos fundamentales de este método. Tengo prisa por conocer al creador. Me hace mucha ilusión.

Por fin, veo por primera vez a ese hombre afable y atento a todos y cada uno; da comienzo al fin de semana estrechando calurosamente la mano de cada alumno del curso, en esa sala parroquial de Chambéry. Ya desde las primeras palabras, ese hombre me cae bien por su sencillez, su congruencia, su interés por el otro.

Habla de sus pacientes, de enfermedades y de conflicto… ¡Pero va saltando de una cosa a otra! En ello no hay ninguna estructura, ningún protocolo práctico para integrar sus propuestas. En resumen, no es un curso ni una formación, sino un fin de semana de sensibilización, de información. Pero ¡qué información!, ¡explosiva! Qué carisma tiene este hombre. La novedad de su planteamiento y la claridad de todas sus explicaciones nos alcanzan a cada uno, varones y mujeres, en nuestra experiencia vivida. Lo que él dice es evidente, como si lo supiéramos con un saber inconsciente.

Necesito testar desde dentro lo que se afirma, de modo que he venido con el escáner de mi cerebro, dado que, en sus libros, Hamer afirma que en él ve conflictos y enfermedades. En el descanso, viene a buscarme la señora Gros: «El doctor Hamer quiere hablar con usted».

Y ahí, ¡me cuenta mi vida! Eso es el *shock*. No me conoce, tan sólo ha visto unas imágenes de mi encéfalo.

Me recibe por entero, no hay nada que quede excluido; él, totalmente presente, me permite estarlo a mi vez. Con las radiografías de mi cerebro en una mano y una lupa en la otra, me habla de mí, de mi historia, de mis conflictos. Me pregunta con precisión si no he tenido un conflicto con mi mujer recientemente y trastornos motores en las piernas. ¿Cómo lo sabe? Le respondo:

—Hace unas semanas estalló una disputa con mi mujer, en efecto, en el sitio que teníamos alquilado para las vacaciones en el País Vasco. Acaba de dar a luz a nuestro tercer hijo. Claire tiene dos meses. Yo estoy jugando como un crío entre las peligrosas olas de Bidart. Mi mujer no puede más. En la habitación, arroja la alianza al suelo. Pasado el reventón, nos ponemos los dos a buscar el anillo a cuatro patas. Después, nos reconciliamos un poquito. De los trastornos motores no me acuerdo, quizá algunos hormigueos, vagamente –le digo sin certeza.

—¿Puedo tomarle una foto?

—Sí.

—Doble ligeramente la pierna derecha.

Sin comprender el sentido que eso tiene, lo hago.

La continuación del seminario es magnífica, encuentro en él personas receptivas, apasionantes, amenas, como a mí me gustan. Comparto una comida con Luc Bodin, hombre muy agradable, y hablamos de diferentes enfoques de la salud. Regreso asiduamente a Chambéry para encontrarme con el doctor Hamer lo más a menudo posible.

Su manera de hacernos entrar en la comprensión de las enfermedades es la siguiente: Hamer se basa en la función del órgano enfermo. Me acuerdo de Marc Fréchet ilustrando este punto con la siguiente pregunta: «¿Por qué ponen huevos las gallinas? Porque se los roban». En conflicto activo de pérdida de su prole, la gallina tiene que fabricar otra vez más óvulos, es decir, huevos. De la misma manera, las ballenas fabrican los ballenatos de uno en uno, porque la mayoría de las veces éste sobrevive. Los peces producen millares, porque una gran parte será devorada. El pez anticipa ese conflicto de pérdida mediante una superproducción de su descendencia. El doctor Hamer se sirve también de historias animalistas como fuente de ilustración y de comprensión. Explica que la necesidad de adaptación de los animales para sobrevivir pasa por la transformación de su comportamiento o de su cuerpo. Antes de que dé comienzo el invierno, por ejemplo, el oso adquiere sobrepeso porque va a hibernar; ya no va a poder comer, aunque siga necesitando calorías para sobrevivir. De modo que el sobrepeso de ustedes, señoras, no es un problema, sino una solución. En la lógica biológica todo es solución. En la lógica mental, cuando ustedes se suben a la báscula y ven con estupor que los números van subiendo con insolencia, en apariencia eso puede ser una calamidad. Pero es una parte de ustedes la que le ha pedido a su cuerpo, como el oso, que almacene grasa. ¿Qué frialdad perciben ustedes que se les está acercando, qué carencia, qué vacío?

Recuerdo esta increíble historia que me cuenta una alumna:

«Soy estéril, no hay nada que hacer. Mi marido y yo hemos estado buscando soluciones durante años. Con ocasión de un viaje a la Polinesia, el azar hace que nos encontremos a una tahitiana de camino al hospital. Va a abortar. Se me hiela la sangre en las venas. Se me rompe el corazón por ese bebé. Suplico a esa mujer que no lo haga, le propongo que no pierda el niño y luego me lo dé a mí, esa criaturita frágil a la que siento en peligro de muerte. Contra toda expectativa, acepta con gozo. Y nos hacemos amigas. Yo la acompaño en su embarazo casi a diario. Por fin llega el gran día, el del parto, el del nacimiento. Estoy muy feliz después de haberme preocupado tanto por mi futuro bebé. Con toda evidencia, el momento más hermoso, el más tierno es cuando por fin lo tomo en mis brazos, piel con piel, cuando lo estrecho contra mi corazón. Y ahí, te lo juro, Christian, ¡es increíble! Mi seno produjo leche. Pude alimentar a ese bebé al que nunca llevé en mi útero».

Evidentemente, es fácil comprender de dónde viene ese síntoma, la producción de leche. Es igualmente evidente que a nadie, ni por un instante, se le ocurrió decirle que consultara por esa hiperlactación y la cortara, de tan manifiesta como era su utilidad. Muy al contrario, todo el mundo se alegró. ¿Por qué? Porque podemos ver con una misma mirada la causa y el efecto. La preocupación por el niño y la producción de leche.

Otro tanto ocurre con el bronceado: con una misma mirada asociamos ese bronceado a la exposición al Sol. Esto es idéntico, igualmente, a la fabricación de glóbulos rojos en altitud. En cambio, cuando viene una persona con un tumor en el seno, con demasiados glóbulos rojos o con una mancha negra en el cuerpo, eso lo consideramos patológico mientras no lo hayamos puesto en conexión, en una misma mirada, con su origen, su causa, su sentido.

Me doy cuenta de la profundidad de una de las afirmaciones de Jacques Salomé: «La electricidad no se inventó elaborando la vela, sino cambiando de paradigma».

¿La enfermedad? ¡Una solución!

De regreso de ese fin de semana muy formador, me compro todos los libros del doctor Hamer. En cada seminario les preguntaré a los estudiantes presentes si han asistido a otros cursos, con el fin de recuperar sus apuntes y fotocopiarlos. Decido estudiar todos sus libros y sus notas con el fin de poner orden en las declaraciones tan desordenadas de ese ser intuitivo que es Hamer. Organizo por escrito lo que viene de él, que más tarde será la base de mis dos primeros libros, *Mon corps pour me guérir, Manuel pratique,* y de mis seminarios, en parte, bío-bases y conflictología.

El doctor Hamer llama a su enfoque «Medicina Nueva». Yo necesité varios años para nombrar con mucha precisión su descubrimiento fundamental. Puedo decir que este descubrimiento es útil en mi día a día, tanto en mi vida privada como en la profesional. Es una revolución de tal calibre que, cuando la humanidad la haya integrado, ya no será la misma. Otro tanto ocurrió después de los trabajos de Copérnico, Newton, Darwin, Freud y Einstein. Los efectos de los trabajos de estos cinco genios (entre unas decenas de otros, no más), sin que tú lo sepas, están presentes en tu vida de cada día. Provocaron cambios de paradigma y de comportamientos, y heridas narcisistas. No estamos en el centro del mundo, del universo, estamos en la periferia del Sol, que a su vez está en la periferia de otros cuerpos celestes (Copérnico); somos prisioneros de las leyes de la gravedad, imposible escaparnos de ellas (Newton); a nuestros ancestros y primos, los metemos en jaulas, los torturamos (Darwin); el consciente no decide nada, no está en el centro de nuestra vida (Freud); no toméis por un absoluto todo lo que acabáis de leer: todo es relativo (Einstein).

Entonces, ¿cuál es el descomunal descubrimiento del doctor Hamer? Es, a mi entender, el haber descubierto **la estructura elemental de lo vivo**. Todos conocemos la tabla periódica de los elementos de Mendeleiev. Éstos tienen un número limitado (118) y, no obstante, constituyen la multitud de las moléculas que, a su vez, constituyen el universo entero: hidrógeno, oxígeno, hierro, etc.

Sabemos que el alfabeto está constituido por 26 letras, no más; pocas son para poder crear todos los libros que existen en el planeta. Y, no obstante, suficientes. Esas letras combinadas entre sí crean palabras que constituyen frases. Hasta el infinito.

Lo mismo ocurre con las siete notas de música, incluso si les añadimos los cinco sostenidos y bemoles; pocas parecen al mirar los miles de millones de melodías escritas y las que lo serán.

¿Qué decir de los tres colores fundamentales percibidos por la retina? ¿Azul, verde y rojo?[21] Por sí solos, nos permiten ver, detallar y discernir miríadas de medios tonos y de matices.

El doctor Hamer habla de los conflictos biológicos:

- conflictos de separación (piel),
- pérdida de territorio (arteria coronaria),
- conflictos fuera de las normas (útero, próstata),
- pérdida de referentes (riñón), etc.

Hace mucho tiempo, el psicosociólogo Jacques Salomé afirmaba, con justeza, que «detrás de todo miedo se esconde un deseo». Si yo generalizo su declaración, «detrás de todo conflicto se esconde una necesidad». Son las dos caras de una misma moneda.

Recojamos algunos conflictos biológicos:

- Detrás del conflicto de separación se encuentra la necesidad de contacto, de tocar y de ser tocado.

---

21. Y no el amarillo.

- Detrás del conflicto de pérdida de territorio, la necesidad de conquistar uno su propio territorio y luego defenderlo. Para unos, su territorio será su terreno, su villa; para otros, el trabajo, la familia, etcétera.
- Detrás del conflicto de fuera de la norma, la necesidad de que se comparta y se respete nuestro sentido del bien y del mal, de lo limpio, de lo justo y de lo injusto.
- Detrás del conflicto de pérdida de referentes, la necesidad de un punto de referencia fijo, estable, definitivo, etc.

El ser humano es no solamente el conjunto de todos sus órganos, sino asimismo el conjunto de las funciones de sus órganos. El ser humano está constituido por pulmones, piel, ojos, orejas..., pero también por la función de respirar, ver, oír, etc. El ser humano es, en efecto, el conjunto de sus necesidades. Cada órgano percibe el mundo exterior a su propia manera, bajo su ángulo de percepción específica en función de su papel. Esto es «la psicobiología del órgano».

Para el cerebro, se trata de comprender lo que ocurre en el exterior y dominarlo. Para el ojo, el mundo es visible; para el oído, el mundo es sonoro. El riñón busca sus referentes en el mismo universo que la vejiga, que, por su parte, asienta el marco, los límites. La pregunta que le hace la vía biliar a este mundo es: «¿Es justo?», mientras que los molares procuran triturarlo.

¿Por qué es esto tan fundamental, tan revolucionario?

La respuesta me vendrá en Suiza, en Vevey. El doctor Hamer presenta allí sus nuevos descubrimientos relativos a la psiquiatría. Voy a la sala del curso con una hora de adelanto con el fin de ocupar el lugar más cercano a él. Elijo la mesa pegada contra la del futuro orador. Me entero con horror en ese instante de que el doctor Hamer prohíbe cualquier grabación, y eso no me gusta. Da lo mismo, yo soy rebelde, como la mayoría de los que estamos aquí por otro lado, si no, ¿qué estaríamos haciendo aquí? Pongo muy en evidencia mi magnetófono encima de la mesa. Hamer lo ve con sorpresa no bien se sienta. Me mira sin decir palabra. El domingo por la noche me pedirá una copia de las casetes, gracias a la cual escribirá su futuro folleto *Psychiatrie*.

Aprovecho para decirle dos cosas:

«Doctor Hamer, me ha cambiado usted la vida. No hablo de mi salud física, sino de mi manera de estar en el mundo y percibirlo. Ya no soy el mismo de antes, ni volveré a serlo nunca más. Lo cual me conduce a mi segunda observación, que es una pregunta. ¿Por qué le ha llamado a todo esto «Medicina Nueva»? En mi experiencia vivida, la palabra «medicina» para hablar del enfoque de usted es reductora. Se trata de mucho más que de medicina y del cuerpo físico».

Me mira sin pronunciar una sola palabra, con los ojos como platos de asombro. A mi izquierda, un hombre prosigue la conversación. Se presenta: «Me llamo Olivier Soulier». Nos haremos amigos y durante unos años compartiremos con Jean-Jacques Lagardet apasionados intercambios de opiniones. Percibo en Olivier tantos conocimientos, tanta originalidad, que le propongo que organice su primer seminario en Aix-en-Provence, cosa que él acepta.

¿Qué aprendí en esas dos jornadas sobre el tema de la psiquiatría?

En Vevey comprendo que el origen de las enfermedades psíquicas y psiquiátricas no es un conflicto psíquico, ¡sino un conflicto biológico también!

Para la mayoría de la gente es difícil comprender que las enfermedades físicas tengan como origen un conflicto biológico. Ellos, que ya pensaban haber dado un salto cuántico accediendo a la creencia de que las enfermedades vienen de problemas psicológicos. ¡Pues no! El universo es biológico por naturaleza, por esencia. Se vuelve psicológico por accidente, es decir, con ocasión de una tragedia, de un conflicto. Así, las emociones y los problemas psicológicos no son la causa de las enfermedades, sino la consecuencia de un evento externo y de un estrés biológico. De una necesidad biológica no satisfecha.

He aquí una ilustración de esto:

Vuelvo del colegio, tengo 10 años.

—¡Mamá! Mamá, te voy a contar lo que he hecho en la escuela hoy.

—Ahora no, Kiki. Estoy ocupada, estoy preparando la cena.

Busco a mi padre para hablarle de mi jornada, me contesta:

—He estado todo el día trabajando, estoy muy cansado.

—¿Quién queda? Mi hermano. Está estudiando sentado a su mesa. Cuando me acerco a él, me lanza reproches:

—Estoy preparando mis exámenes, yo tengo varias cosas serias que hacer.

Tengo la impresión de no interesarle a nadie, me siento solo, ¿no hay un solo ser humano en la tierra que me escuche?

He aquí la interpretación. Este conflicto biológico: mi palabra no tiene peso, no tiene valor (las encías). Este conflicto: necesito que el otro ingiera el pedazo, la información que yo le doy (las glándulas salivales).

Estos conflictos de desvalorización afectiva (las costillas) no se expresan en forma de enfermedad física, sino que se expresan a través de una *presunta* elección profesional: ser formador internacional.

He sido oído por cientos y cientos de estudiantes en una veintena de países (España, Suiza, Italia, Bélgica, Lituania, Líbano, Marruecos, Rusia, Kirguistán, Armenia, Canadá, Estados Unidos de América, Cuba, México, Costa Rica, Guayana, Martinica y Polinesia Francesa, Colombia, Brasil, Paraguay, Uruguay, Perú, Chile, Argentina, Panamá). He escrito veinticinco libros traducidos a varias lenguas. Todo esto, entre otras cosas, ¡porque en mi familia no me escuchaba nadie!

Así, el drama biológico se convierte en emoción, y después en enfermedad física o en comportamiento místico, profesional, etc.

El instante de la creación de la descodificación biológica

A pesar del descubrimiento del doctor Hamer, me quedo con mi frustración en lo que concierne a la terapia. Disto mucho de estar satisfecho con las soluciones que él les propone a los pacientes. Ciertamente, a partir de ahora puedo encontrar el sentido y el origen de una enfermedad física. ¿Y qué? ¿Qué hago después?

Evidentemente, esto me tiene apasionado; primero, por naturaleza, pero es que lo que estoy aprendiendo abre muchos nuevos campos posibles. De modo que hablo de ello a mi alrededor. Ese día, con una pareja de amigos que comparte mi comida: Jean-Louis Ode, un homeópata extraordinario, y su mujer, terapeuta de PNL, Andrée Ode. Enseguida, ella tiene la intuición: «Pero lo que tendrías que hacer es

PNL,[22] eso es lo que te falta». Yo no capto inmediatamente esa bala de oro que me lanza. Espero unos meses. De nuevo me solicita Andrée: «Tengo una propuesta de tres días de descubrimiento de la PNL, ¿te interesa?».

Me apunto y formo parte de los tres alumnos atentos en su salón. Ella nos enseña a escuchar realmente al otro para estar en relación. Esto completa de maravilla lo que he seguido en los seminarios sobre Carl Rogers: reformulación, predicados, sincronizaciones, accesos oculares, definición de objetivos.

Ahora, Andrée nos propone un ejercicio al que llama «protocolo». Su propuesta es transformar una experiencia traumática del pasado, un límite comportamental, una creencia. La técnica es cambiarle las submodalidades:[23]

«Tenemos cinco sentidos o cinco modalidades: visual, auditiva, gustativa, olfativa y táctil. Para cada modalidad existen numerosas submodalidades. Tomemos el visual: yo puedo tener imágenes en color o en blanco y negro, oscuras o luminosas, planas o en relieve, inmóviles o en movimiento, cercanas o lejanas, metidas en un marco o no. Para lo auditivo, el sonido puede ser grave o agudo, fuerte o débil, *crescendo, decrescendo,* venir de la derecha o de la izquierda, etc. Esto son las submodalidades, y ellas son el soporte de nuestra experiencia interna, de nuestros pensamientos, de nuestra memoria, de nuestras creencias. ¡Sí, nuestros pensamientos tienen un soporte sensorial! No andan errantes por la nada, nosotros los vemos o los oímos, o incluso los sentimos».

Salgo voluntario como sujeto de demostración.

—Christian, ¿qué quieres trabajar?

—Yo no soy nada manual. Y, sin embargo, me gustaría serlo, sentirme cómodo ante la idea de hacer bricolaje.

---

22. La PNL es una terapia breve creada por dos universitarios estadounidenses, Grinder y Bandler, en los años setenta. La originalidad de su enfoque es encontrar cómo encontrarse bien y no buscar por qué me encuentro mal, como hacen la mayoría de los psicólogos y terapeutas.

23. Fenomenal descubrimiento de Richard Bandler; véase *Un cerveau pour changer,* InterÉditions.

—Muy bien, Christian. Construye en tu cabeza una imagen de tu problema.

—Ya está.

—¿Qué ves?

—Desorden, tablas de madera en un taller.

Andrée no se interesa por el contenido, sino por la descripción técnica de la imagen, por el continente, por la estructura.

—¿Hay color, sonido, movimiento, relieve?

—Los colores: oscuros, blanco y negro, no hay ni movimiento ni sonido. Veo la imagen enfrente de mí, hacia abajo.

—Te voy a invitar a hacer algo muy sencillo, una única cosa: pon movimiento en ese lugar, como si entrase el viento.

* * *

Ése es el instante preciso de la creación de la descodificación biológica: el milagro, la explosión dentro de mí. Sé, tengo la certeza de estar en presencia de lo que le falta al doctor Hamer, a su terapia, a la Medicina Nueva: una herramienta simple, accesible por todo el mundo, una herramienta que cambie la percepción de la experiencia. No hay necesidad de cambiar la experiencia, de darle tu dinero al enfermo del hígado o de ir a hablar con el banquero. ¡La solución no está en el exterior porque el problema no está en el exterior!

He aquí que, en un instante, mi percepción del trabajo manual ha cambiado por completo. Siento alegría ante la idea de hacer bricolaje. Mi creencia se ha transformado en un segundo: hasta ese momento, trabajar con las manos me parecía pesado, fastidioso, pero con un cambio de submodalidades me entran unas ganas apremiantes de ir a buscar un martillo. Me siento entusiasmado ante la idea de construir un mueble de madera.

En un segundo, capto en mí la potencia de la asociación del diagnóstico hameriano y de la terapéutica PNL: el primero encuentra el origen del problema. En efecto, el código biológico nos permite encontrar la emoción «enfermizante», la cual nos dirige derechitos hacia el drama inconsciente. La segunda lo resuelve cambiando la percepción que tenemos de él.

Colmado, desbordo de gozo como una bombilla de 20 000 watios. Ignoro aún todas las consecuencias de esta experiencia: la creación y después la difusión de todos los protocolos que inventaré. Los que reúnen códigos biológicos y cambios de estructura, este enfoque ayudará a tantos y tantos hombres y mujeres por todo el mundo.

«Andrée, me has hecho picar el anzuelo de la PNL, te lo agradezco desde el fondo de mi corazón. Tú y tu saber habéis cambiado mi vida, como la de tantos desconocidos».

Erickson

Sanar es cambiar

Decidido, voy a ir a formarme seriamente en una escuela de PNL belga.

Con frecuencia se hace alusión a un perfecto desconocido: el doctor Milton Erickson. Todas las veces, lo que se cita no es teoría complicada, sino anécdotas sobre su vida y consultas atípicas. Se le presenta como un terapeuta fuera de lo común, recibía en consulta a sus pacientes una o dos veces, no más, y el problema quedaba resuelto definitivamente, para toda la vida. No se interesaba en por qué tal persona tenía ese problema; nunca, o excepcionalmente, iba a la historia a rebuscar en los traumas de la infancia. Eso, simplemente, no le interesaba. En cambio, Erickson sí investigaba en el caso de cada persona los recursos de los que disponía, cuál era el sentido de su vida, la fuente de su alegría. Para descubrir eso, no vacilaba en implicarse, en ir al domicilio de sus pacientes. A veces, incluso, los invitaba a comer en un restaurante o les compraba un perro, siempre con un objetivo terapéutico.

Una mañana, acude a consultar con él una mujer totalmente depresiva. Erickson no sabe qué hacer con ella. No encuentra nada positivo en ella, con el fin de construir su trabajo de transformación. Decide ir a su domicilio para encontrar un indicio, algo positivo en su vida. Pero su interior es tristón, dejando aparte una flor violeta puesta encima de su televisor. Al mirar la flor, el rostro de esa mujer se ilumina.

—¿Qué flor es esta? –le pregunta él.

—Es una violeta africana.

¡Lo encontré!, se dice el doctor Erickson para sí mismo.

—¿Es fácil de cultivar?

La mujer conoce todas las técnicas de esquejado de esa planta. Así pues, él le prescribe que todas las semanas, valiéndose del periódico local, elabore la lista de todas las parejas que se van a casar en su municipio, y luego que les lleve una de sus violetas africanas, que ella habrá esquejado y preparado para ellos. Ella lo hace. La gente la recibe con sorpresa, con alegría, a veces incluso la invitan y así, forzosamente, va conociendo personas. Unos meses más tarde, el doctor Erickson la llama por teléfono y le pregunta cuándo va a pedir cita para continuar su terapia. «No sé, doctor, estoy ocupadísima en este momento con todo lo que hago, ahora tengo muchos amigos. Le llamaré cuando pueda», le contesta su paciente.

La mujer ha salido totalmente de su depresión sin conocer el origen de ésta. *A contrario,* ciertos terapeutas lo saben todo del pasado y de los traumas de sus pacientes, ¡que, no obstante, continúan sintiéndose mal!

¡Elige!

¿Qué realidad?

Llegué demasiado tarde a la Tierra. No tuve la dicha de conocer a Milton Erickson. Heme aquí, no obstante, en su residencia de Phoenix, en Arizona, en compañía de su hijo Bob. Me hace la visita de esa casita tan sencilla en la que tantas puertas abrió mi maestro. Transformó el inconsciente colectivo del planeta a través de los inconscientes de sus pacientes.

Sí, esa es mi convicción. ¿Cómo creéis que se transforma el planeta Tierra? ¿Por qué no es el mismo que hace 50 o 5000 años? Los animales, vegetales y minerales son muy estables. Las acacias, los sílex y los tiburones siguen teniendo los mismos comportamientos que hace un siglo o 20 000 años. El hombre, por el contrario, es un ser de cambio. Ésa es su originalidad, su función en el universo. A un hombre se le ocurre pintar su mano en una gruta y otros le imitarán. Transmite la idea de que eso es posible; antes de él, esa idea no había venido a la consciencia de nadie. Otro hombre golpea un tronco de árbol sonoro, musical, y su creatividad se continuará hasta la invención de las baterías de *jazz*. Así, nuestros comportamientos, a pequeñas o grandes escalas, tanto si se trata de los de mi tendero como de Martin Luther King, tienen un pequeño o un gran impacto en la evolución de la cultura, de la civilización, de la humanidad.

Milton Erickson, de manera más discreta y más eficaz que Sigismond Freud, revolucionó la terapia. Padre de las terapias breves, está en el origen o ha inspirado la creación:

- de las terapias orientadas hacia las soluciones,
- de las metáforas terapéuticas,
- de las prescripciones de tareas,
- de la hipnosis llamada ericksoniana,
- de la terapia breve de Palo Alto,
- ha sido uno de los principales inspiradores de la creación de la PNL,
- y me inspiró a mí en la creación de la descodificación biológica de las enfermedades.

Su vida es una metáfora. Como ocurre con frecuencia, la historia del creador se confunde con su creación. Tomemos el ejemplo de Freud. Tiene por nombre Sigismond, lo cual quiere decir «vencer mediante la boca». *Mond:* «boca», *sigis,* un derivado del verbo «vencer». ¿Podemos oír: vencer la neurosis mediante la palabra? Este gran científico morirá a resultas de un cáncer en la boca. ¿Sabía él por qué le pusieron ese nombre, de qué drama ancestral es él el heredero, con el fin de repararlo?

Erickson, por su parte, no se interesa por el pasado de sus pacientes (o muy poco). Comprendió que todo cambio es un cambio de estructura, un aprendizaje nuevo. Subsiguientemente, provoca en sus pacientes nuevas experiencias que se convertirán para ellos en nuevas experiencias de referencia en las que basarán sus nuevos comportamientos. Tiene un sentido práctico muy desarrollado.

Ya en su adolescencia, Erickson intriga por su originalidad. Vive en una granja y su padre, campesino, está intentando hacer entrar un ternero en el establo sin lograrlo. El animal se resiste; aunque el padre sea robusto, fracasa. Su joven hijo, Milton, le interpela:

—¿Quieres que meta yo a ese ternero en el establo, papá?

—Ya ves que yo no lo logro. ¿Cómo vas a poder tú?

—¿Quieres que lo haga?

—Adelante.

El niño se coloca detrás del animal y le tira de la cola; inmediatamente el ternero entra en el establo. Años más tarde, en su práctica de la terapia, Milton Erickson, convertido en psiquiatra, hará lo mismo con el inconsciente de sus pacientes. Una mujer obesa no logra perder su sobrepeso. No obstante, todo el mundo se lo dice: «¡Pierde peso, querida!». Erickson, tras hipnotizarla, le pide que engorde hasta los 130 kg, cosa que hará ella hasta darse asco. A resultas de lo cual perderá los 50 kg que no conseguía eliminar. Al igual que el ternero, ella se opone a las órdenes dadas.

En Lille, me encuentro con Betty Alice, la hija del doctor Erickson. Me cuenta que un día de invierno, su padre, a la sazón adolescente, se levanta por la noche y descubre que la nieve lo ha recubierto todo con un colchón silencioso. Sale con una idea en la cabeza. El camino habitual que conecta la casa familiar con el establo está blanco como polvo nacarado. Milton el travieso camina desde la casa hacia el establo trazando una curva, contra toda lógica, dado que el camino más evidente era rectilíneo.

Va a acostarse otra vez y espera. Unas horas más tarde, abre los ojos cuando la granja está ya bien despierta. Asoma la cabeza por la ventana y observa que todo el mundo ha seguido su curva. Más tarde, en su práctica, crea pequeños cambios aceptables por el inconsciente; la lógica que mantenía al paciente en su enfermedad cederá el sitio a la lógica inducida por el terapeuta. A pasitos pequeños.

Lo que me conmueve en este hombre es que no tiene un discurso teórico, complejo y sibilino, reservado para una lista reducida de intelectuales eruditos. No, nada de todo eso. Erickson instruye a través de historias. Trata a la gente con historias. ¿Sabrá él que el universo entero es una metáfora?

Un día llega un caballo al patio de la granja familiar. En esa época, las explotaciones están muy alejadas unas de otras. ¿Cómo encontrar a su propietario? El niño Erickson propone llevar al animal a su casa.

—¿Cómo lo vas a hacer? ¡Ignoras a quién pertenece! –le pregunta su padre.

—En efecto, pero sé que él lo sabe y que conoce el camino. Y voy a actuar de modo que él crea que yo también conozco el camino.

Le dejan hacer. Se sube a lomos del fugitivo, empuña las riendas. Y he aquí su genio: no dar órdenes demasiado precisas, demasiado directas cuando llegan a algún cruce, como «ve a la derecha», porque el adolescente ignora cuál es el camino adecuado. Tampoco se trata de ser demasiado permisivo con las riendas, con riesgo de que el animal se salga del camino con el fin de pastar a placer. Como una cuerda de guitarra ni demasiado floja ni demasiado tensa. Unas horas más tarde, llega vencedor, junto con el bravío trotón, al patio del propietario gratamente sorprendido.

—Pero ¿cómo sabías que era ahí donde había que ir?

—Lo ignoraba. Pero le hice creer al animal que lo sabía, siendo firme con las riendas, pero no demasiado.

Un terapeuta, evidentemente, se dirige al inconsciente del paciente; el consciente no nos interesa, frena la terapia y muchas veces es nuestro peor enemigo. El origen, el mantenimiento y el tratamiento de los problemas residen en el inconsciente, por supuesto. ¿Cómo podría ser de otra manera? Alguien quiere dejar de fumar. Si fuera el consciente quien tuviera el poder, yo le diría al paciente: «¿Que quiere usted dejar de fumar?, pues bien, ¡adelante!, no fume más». En presencia de una patología, podríamos decir igualmente: «Venga, cúrese, ¿a qué está esperando?».

El inconsciente es como ese caballo. Necesita ser guiado por una persona de confianza con la que se sienta seguro. Al mismo tiempo, necesita que quien le guíe sea flexible y le respete sin imponerle nada, para llevar al paciente exactamente allí donde tiene que ir, a su casa, es decir, a sí mismo.

Erickson curó definitivamente a miles de mujeres y hombres en una o dos sesiones de terapia, no más. No obstante, él estaba también muy enfermo. Erickson estaba aquejado de trastornos sensoriales y perceptivos congénitos, de amusia,[24] de dislexia severa, de alergias múltiples y de daltonismo, y era duro de oído.

---

24. Pérdida de la capacidad de cantar, tocar o reconocer una música.

Su percepción modificada del mundo le hace tomar conciencia, ya desde sus años mozos, del carácter relativo de eso a lo que los humanos llaman la realidad. Es amigo de Aldous Huxley, autor en particular del ensayo *Las puertas de la percepción,* y trabajaron juntos sobre este tema.

Con 17 años, Erickson contrae una forma grave de poliomielitis. Queda tetrapléjico, es decir, totalmente paralizado, tiene afectados los músculos de los pulmones. El médico sale de su habitación y se dirige a su madre: «Lo siento en el alma, señora, pero su hijo está sufriendo una crisis demasiado grave, no pasará de esta noche». La madre se derrumba. Erickson cuenta su experiencia: «Yo estaba en mi cama esa tarde, y oí que los tres médicos les decían a mis padres, en la estancia contigua, que a la mañana siguiente yo habría muerto. El que alguien pueda decirle a una madre que su hijo habrá muerto al día siguiente por la mañana me sumió en una profunda ira. Luego entró mi madre en mi habitación, con aire tan sereno como le era posible. Le pedí que desplazara la cómoda, que la empujara contra el costado de la cama colocándola con un ángulo muy preciso. Ella no comprendía por qué, pensaba que yo estaba delirando. Me costaba trabajo hablar. Pero, así dispuesto, el espejo de la cómoda me permitía ver, a través de la puerta, la ventana oeste de la habitación contigua. Ni hablar de morirme sin haber visto ponerse al Sol. Si yo tuviera algún don, siquiera pequeño, para el dibujo, todavía hoy podría representar esa puesta de Sol. Vi esa inmensa puesta de Sol que llenaba todo el cielo. No obstante, sabía que había también un árbol delante de la ventana, pero lo había borrado. Vi toda la puesta de Sol, pero no vi la cerca ni el grueso peñasco que estaban ahí. Lo borré todo, menos la puesta de Sol. Tras haber visto ponerse al Sol, perdí el conocimiento durante tres días. Cuando al fin me desperté, le pregunté a mi padre por qué habían quitado la cerca, el árbol y el grueso peñasco. No me daba cuenta de que los había borrado yo, al fijar mi atención con tanta intensidad en la puesta de Sol».[25]

---

25. Por otro lado, el seguir al Sol con la mirada en el momento del crepúsculo (esa brecha entre dos mundos) desarrolla la intuición, permaneciendo atento a los fosfenos; esas visiones persistentes de la luz, con los párpados cerrados.

Ésta es su primera experiencia de autohipnosis. Siendo así que ha sobrevivido, pero no pudiendo ni moverse ni hablar, amuebla su aburrimiento con la observación de la vida familiar, de los comportamientos de sus siete hermanas. Desarrolla su capacidad para leer las señales no verbales en el límite del umbral de percepción.

Erikson cuenta: «Yo ni siquiera podía decir dónde se encontraban mis brazos y mis piernas en mi cama. Así fue como me pasé horas intentando localizar mi mano, mi pie o los dedos de mis pies, acechando la mínima sensación; me volví particularmente atento a lo que son los movimientos».

Pasa también horas enteras observando a su hermana más pequeña aprender a andar. Tras un año de esfuerzos, de entrenamiento, recupera la marcha con muletas.

Después, con 21 años, decide hacer un recorrido de 600 kilómetros en canoa con 5 dólares en el bolsillo. Regresa pudiendo andar sin muleta (¡y con sus 5 dólares en el bolsillo!). En unos años, recupera la integridad de su salud. Realiza estudios de psiquiatría, se casa, tiene tres hijos, se divorcia, se vuelve a casar, engendra otros cinco hijos, hace escalada… A la edad de 51 años, recaerá y se pasará sus últimos años en una silla de ruedas. Daltónico, percibe esencialmente el color violeta; aquejado de bronquitis alérgica, se muda a Arizona, donde el clima es más seco y mejor para él.

Así, este hombre es un superviviente. Conoce desde el interior las capacidades de sanación de nuestro cuerpo. Ha sobrevivido y, frente al dolor humano, no puede hacer otra cosa más que intervenir, salvar, sanar. Pasará todo su tiempo, semana, fin de semana y días festivos junto a sus enfermos. Los recibe en su casa, los invita a comer en restaurantes; en su casita hay una habitación para un estudiante que viene a instruirse junto a él. Para ayudar a los enfermos, hace participar a las mujeres y los hijos en las terapias. Bob, su hijo, me confía sin amargura: «Yo a mi padre lo veía tres veces al año: Acción de Gracias, cumpleaños y Navidad. El resto del tiempo se lo pasaba yendo de un congreso a otro».

Con ocasión de un seminario, conozco a Jeffrey Zeig, uno de los alumnos y amigos de Erickson. Algunos pacientes, después de la muerte de éste, no habían terminado la terapia. Fue Zeig quien se hizo cargo de continuar. Como buen terapeuta, inducía un estado de trance y hacía su trabajo. De vez en cuando, un paciente abría un ojo durante la sesión y le decía al doctor Zeig: «Yo creo que en este preciso momento, el doctor Erickson me habría dicho esto…», y luego regresaba a su trance hipnótico. Y Zeig, obediente, decía lo que Erickson le comunicaba a través del imaginario, la sensibilidad o el soporte del paciente. Así, Zeig es la única persona que continuó siendo formada por el doctor Erickson de manera póstuma. En aquel seminario, nos contó su primer encuentro con el maestro de la hipnosis. Llega de Nueva York en plena noche con el fin de vivir en la casa familiar para aprender la terapia. Llama a la puerta, intimidado. La puerta se abre, el doctor Erickson está en su silla de ruedas y, con lentitud, levanta la mano con el fin de saludarle. Educadamente, Zeig levanta la mano, espera y entra en trance. Aparece la hija de Milton y reconviene a su padre: «Papá, deja de jugar con los invitados, por favor, ¡déjale que llegue, por lo menos!».

Él mismo solía estar en trance cuando conducía sesiones de terapia. Erickson estuvo sometido a enfermedades graves; experimentó sobre sí mismo, durante su readaptación a la vida normal, ciertos procesos de sanación que después aplicó en sus estrategias terapéuticas. ¿Su convicción? Que el paciente posee dentro de sí los recursos para responder de manera apropiada a las situaciones con las que se tropieza. Por consiguiente, se trata de despertar, estimular y utilizar las competencias del paciente.

La alegre risa de Rossi

Uno de sus amigos más cercanos lleva el nombre de Ernest Rossi. Qué inmensa alegría cuando me encuentro con él por primera vez, en Cannes, junto con mi amigo Jean-Jacques Lagardet. A través de su obra *Psychobiologie de la guérison*, Ernest Rossi ya me había dejado trastocado. Devoro ese libro varias veces seguidas. Este hombre se convierte en mi mentor, un guía terapéutico. Hace descodificación biológica sin saberlo: expone claramente lo que nosotros, en descodificación, llamamos el conflicto del diagnóstico. Es decir, el efecto nocebo, el efecto de una creencia sobre nuestra biología, nuestro cuerpo.

El caso del señor White lo ilustra perfectamente. Está aquejado de una forma grave de cáncer y solicita formar parte de un grupo experimental para testar una nueva molécula terapéutica. Tiene muchísima confianza en esa molécula, que sana rápidamente (el famoso efecto placebo). La investigación se abandona enseguida porque esa molécula no tiene absolutamente ningún efecto positivo. Un día, el señor White lo oye mientras ve la televisión. Recae inmediatamente y tiene que volver al hospital a tratarse: su enfermedad ha vuelto. Tras haberle escuchado, un joven médico le afirma que él recibió una molécula ligeramente diferente de la que presentaron en la televisión. Él lo cree. Se cura y vuelve a su casa… Hasta el día en que se sincera con su vecino y éste le demuestra que el médico se ha burlado de él: no hay dos moléculas que lleven el mismo nombre. Al día siguiente, vuelve al hospital, ha vuelto a recaer, y morirá rápidamente.

Cuando me encuentro con Ernest Rossi, me encuentro con uno de mis ídolos. A riesgo de parecer común, en nuestro primer encuentro tengo el sentimiento de que ya le conozco. Como a un amigo de la infancia.

Durante el seminario, Ernest Rossi propone con regularidad demostraciones de su técnica de hipnosis con un estudiante. Con la de voluntarios que hay, y nunca me elige a mí.

Su protocolo de base es muy simple: tras la inducción de un estado hipnótico, asociará el movimiento de una mano a la búsqueda del origen de tu problema, y la otra mano a la búsqueda de un recurso inconsciente adaptado a ese problema. Después, sugiere a las dos manos que se dirijan una a la otra, y así la experiencia recurso transforma la historia original del problema.

Decidido, el segundo día me aposto a un paso de la tarima. Y cuando pide voluntarios salto inmediatamente y me encuentro al lado de él. Su sonrisa me acoge.

«¿Quieres una inducción *extraña?*», me dice, como si ya hubiera captado un aspecto de mi carácter.

Me hace una inducción que incluye una regresión hacia recuerdos maravillosos. Heme ahí, niño en el jardín de mi bisabuela, feliz. De manera incomprensible, Rossi empieza a reírse. Ya no se puede parar. Le ha entrado un ataque de risa loca comunicativa. Riéndose, sujetándose las costillas, me devuelve a mi silla y procura recuperar la respiración. Para ello, cierra los ojos y le propone a otra persona que ocupe mi lugar para el ejercicio siguiente. Una persona, discretamente, acude a sentarse al lado de él. Con los ojos aún cerrados, su mano busca la de la paciente. Una vez que la encuentra, levanta muy ligeramente su muñeca y da comienzo a su trabajo de terapeuta. Desde el exterior, nosotros percibimos la evolución del rostro de esta mujer, a la que él no puede ver. Ella no pronunciará ninguna palabra. Y, no obstante, constatamos un cambio a través de las expresiones de sus ojos y de su boca. Ha terminado la sesión, esta mujer parece radiante. Y Rossi concluye: «Voy a abrir los ojos dentro de treinta segundos y tú eres libre de quedarte aquí o de regresar a tu sitio». Ella se levanta y abandona el asiento. Cuando el terapeuta abre los ojos, la silla está vacía; ha ayudado a hacer un camino de transformación, nunca sabrá a quién.

¿Cómo es esto posible? La respuesta es simple: actuando sobre la estructura. Él, antes, ha captado microinformaciones y ha utilizado su intuición.[26] Todo esto sin conocer nunca la historia. Además, se guardaba vigorosamente de ello. «Yo eso nunca lo necesito, antes al contrario: si tú me explicas la causa de tu problema, yo voy a estar de acuerdo contigo, a tomar partido. Quizá te compadezca. ¿Para qué te va a servir eso a ti? Prefiero no saber nada. Tú conoces los pormenores de tu problema, el contenido, la historia, y eso no te es de ninguna utilidad, ¿verdad?, entonces ¿de qué serviría que lo supiera yo? Por esta razón, no me cuentes nunca tu problema, gracias a eso seré más eficaz».

Milton Erickson mostró una nueva vía a los terapeutas: el permiso de ser creativos. Rompe las creencias habituales sobre la terapia, a saber: larga, onerosa, reservada a una élite y muchas veces ineficaz. Con él, ya no es pertinente conocer el pasado ni ir a las emociones reprimidas. Utiliza su hemisferio derecho y estimula el de su paciente. Estamos muy lejos del intelectualismo erudito de la mayoría de los psicólogos. Esto se adapta a mí a la perfección.

---

26. Las terapias emocionales, metafóricas, estimulan y requieren más al hemisferio derecho, creativo, del paciente y del terapeuta (como, por ejemplo: la hipnosis, la arte-terapia, la descodificación, la Gestalt). Con el tiempo, en el terapeuta se desarrolla una forma particular de intuición, cercana a la mediumnidad.

Encuentro ahí el complemento ideal para el diagnóstico biológico propuesto por el doctor Hamer. Ni Erickson ni Hamer se interesan por lo mental, muy al contrario. Retornar al cuerpo y a las emociones. Apertura a los símbolos y a la biología. Mi formación en PNL me permite darme cuenta de que todo es estructura, y de que el cambio consiste en transformar un elemento de esa estructura. Gracias a lo cual la terapia se vuelve breve y eficaz.

He aquí una bonita ilustración de esto: un día, un navío inmenso se avería en la rada de Marsella. Los mecánicos buscan pero no consiguen repararlo. Solicitan la presencia de eminentes especialistas. Cambian algunas piezas. Pero nada sirve. Hartos de buscar, se convoca a los constructores, que llegan en helicóptero. Buscan por todas partes, pero fracasan. Pasa el tiempo, marcado por desánimos y por visitas de mecánicos con pedigrí. Hasta la mañana en la que aparece Marius, el mecánico de andar por casa del extremo del muelle. Lleva su martillo en el bolsillo y se presenta en la capitanía para ofrecer sus servicios. Se burlan de él. Pero él insiste. Con su media sonrisa, le dejan subir al inmenso barco.

Él lo visita entero, de arriba abajo; esto le lleva unos días. De los aseos a los camarotes, del bar a la sala de máquinas, su ojo atento no se olvida de nada. Por fin, una mañana, en un pasillito, se le puede ver subido en un pequeño taburete, con el martillo en la mano; se pone a dar golpecitos a una pieza de metal en la que nadie ha reparado. Unos cuantos martillazos. ¡Sorpresa! Ruge el motor, sale el humo, ¡el navío revive! Toda la tripulación queda sobrecogida de asombro. Unos días más y el capitán recibe la factura detallada: 990 €: búsqueda de la avería. 10 €: martillazos.

Esta metáfora habla de la importancia de tomarse el tiempo de buscar el verdadero problema. Después, el acto terapéutico es simple. La pregunta de fondo es: ¿dónde tenemos que actuar *en mínimos* para que se transforme el conjunto? Respuesta: sobre la estructura del conflicto, del programa, de la historia. Y en esa historia, lo que permite la sanación duradera es el cambio de un detalle sutil. Sólo que hay que conocerlo y, por consiguiente, buscarlo.

Si no, el problema no resuelto se seguirá presentando toda nuestra vida. Si la casa no está terminada, ¿a ti te apetecerá entrar a vivir en ella? Eso es lo que hacemos, no obstante: nos casamos sin haber resuelto nuestras dependencias afectivas; vamos todos los días al trabajo y allí revivimos los conflictos familiares de nuestra infancia. Construimos nuestro presente sobre las ruinas de nuestro pasado. Lo que no arreglaste ayer te lo volverás a encontrar mañana. Todos los días nos encontramos los fantasmas del pasado. Vivimos lo que no hemos resuelto. Eso es lo que nos impide estar presentes en las mil sorpresas del despuntar del instante.

Marc Fréchet

El secreto reencontrado en las fechas

> *«Cada cosa que vemos*
> *oculta otra».*
> MAGRITTE, artista pintor

En 1993, me llama por teléfono Claude Sabbah, un amigo médico cercano a los trabajos del doctor Hamer:

—Subo a París el sábado; ¿te apetecería venir conmigo?

—¿Qué vas a hacer en París?

—Escucha, escucha. Te cuento. Tengo una paciente a la que llevo algún tiempo tratando de un cáncer de mama, y en su última consulta, entra en mi despacho, se desabrocha la blusa y exhibe un pecho perfecto. Yo no creo lo que ven mis ojos. A pesar de todas las técnicas que conozco, en términos de reconstrucción nunca he visto nada igual en tan poco tiempo. Le pregunto qué ha hecho, porque soy curioso, como sabes; me contesta:

»—Pues fui a ver a un señor psicólogo a París.

»—¿Y qué ocurrió?

»—Me hizo trabajar a partir de las fechas de mi vida –me contesta.

»—¿Tiene usted el teléfono de ese señor?

»—Sí, se llama Marc Fréchet».

»—Le he llamado, parece majo, me he citado con él el sábado que viene en París.

145

—No, gracias, tengo demasiadas cosas que hacer. Ya me contarás.

Tengo en casa tres deliciosas criaturas a las que echo de menos muchas veces debido a todas mis actividades.

Pasa el tiempo antes de que reaparezca la voz de Claude a través del auricular del teléfono.

—Qué agradable sorpresa, Claude, ¿qué es de tu vida?

—¿Te acuerdas del tío aquél al que iba a ir a ver a París?

—Sí, ¿qué tal?

—Le he hecho bajar a Marsella para que les haga los ciclos biológicos a mis pacientes. Es prodigioso, ha descubierto que la memoria es cíclica y que los acontecimientos reaparecen de forma idéntica en fechas regulares. Él, con sus herramientas, encuentra el origen de los conflictos, lo que nosotros buscamos a través del interrogatorio. Figúrate que el viernes próximo estará en Marsella y luego va a estar el fin de semana entero pasando consulta a mis pacientes.

—Una noche, vale, me puedo liberar.

Y heme aquí acogido con los brazos abiertos por Marc Fréchet a la entrada de un restaurante. Juega de manera traviesa a hacerse el *maître* y me encamina hacia su mesa. Las presentaciones al uso y las cortesías nos parecen a ambos totalmente superfluas y, en unos minutos, ya hemos entrado en el meollo del asunto: nuestra pasión por la comprensión de los engranajes secretos del ser humano.

Marc tiene una experiencia sólida. ¡Y qué originalidad! ¡Qué generosidad! En realidad, yo no comprendo todas las sutilezas que hay en su propuesta, dado que voy patinando por la superficie. No obstante, siento su agudeza. Tal vez necesite unos diez años antes de poder adquirir un poco de esa lógica suya tan nueva. Es aparentemente fácil comprender su forma, pero el espíritu… ¡es más complicado!

He aquí un ejemplo de lo que él llama «los ciclos biológicos memorizados»:

La señora Dumont viene a consultarme por un tumor en el sacro, lo cual en descodificación se etiqueta como una desvalorización en la esfera sexual. Cosa que ella confirma: amputada de sus dos senos, su marido la descuida sexualmente y le dice «desde que no tienes pechos, tengo la impresión de que me estoy acostando con un hombre». Ella lo vive muy mal: «Ya no tengo ningún valor sexual a sus ojos». Es importantísimo definir, con precisión, la edad que tiene ella cuando siente esto por primera vez. Tiene 56 años y 4 meses. Como me ha enseñado Marc, le pregunto por la mitad de esa edad: 28 años y 2 meses.

Sorpresa por su parte. No se puede ser más preciso. Si le hubiera preguntado «¿Qué vivió usted durante su juventud?», habría dejado al caballo de su inconsciente libre para ir a divagar hacia cualquier hierba de su elección. Pero aquí, no hay escapatoria posible: «Mi médico me solicita sexualmente. Yo me opongo, él se pone insistente diciéndome «Te amo, ¡eres tan guapa!». Yo acabo cediendo. A esa edad, 28 años y 2 meses, me entero por una amiga de que él no tiene un interés especial por mí, porque seduce a otras pacientes mientras que su mujer está embarazada.

«¿Y a los 14 años y 1 mes?».

Otro asombro, acude sólo un acontecimiento. En primer lugar porque yo estoy preguntando por una fecha muy precisa, y en segundo lugar porque estamos en una tonalidad emocional específica. En su caso: desvalorización sexual. Su inconsciente le hace entrega de esa escena en la que ella regresa del instituto más pronto de lo previsto. Sorprende a su padre en casa en compañía de otra mujer que no es su madre. Ahí también, lo vive de modo idéntico, desvalorización sexual.

«¿Y a los 7 años?».

Se descompone: «Lo recuerdo bien, es la guerra. Yo tengo la sensación de que ese día me expulsan del paraíso, de la felicidad y de la despreocupación. Mis padres, para protegerme, me han metido en una casa religiosa. La responsable, una monja, pregunta a cada niña a lo que va a querer dedicarse más tarde. "Enfermera", responde la primera, "institutriz" confía la segunda; cuando me llega el turno, yo expreso, llena de alegría, mi deseo de casarme, de vivir junto a un hombre, de tener muchos hijos de él. Inmediatamente me siento juzgada, culpada, con esta simple frase: "¡Pero tú ya sabes que eso es un pecado!" reforzándola con una mirada malvada».

A la mitad de su edad, no aparece nada particular. Todo bascula con los 7 años, con esa emoción, esa bomba de relojería, ese programa: desvalorización ligada a la sexualidad. Esa emoción no está ni resuelta ni eliminada, y por eso se representa en el doble, después en el cuádruple, después en el óctuplo de su edad, y se biologiza.

Un fin de semana al mes, me reúno con Marc en Marsella y asisto a sus consultas de dos horas. Da igual cuál sea la demanda, el procedimiento es siempre el mismo.

¿Demanda?

Fecha de nacimiento.

¿Con qué edad se hizo usted autónomo/a de sus padres?

Fechas diversas:

- las primeras veces (regla, amigo o amiga, relación sexual, viaje…);
- acontecimientos positivos, negativos, neutros (escolaridad, título, trabajo, enfermedad, mudanzas de casa…);
- acontecimientos particulares.

Y mediante el juego de las fracciones, por 2, 4, 8…, y otros ciclos, se vienen a juntar acontecimientos que se dan luz mutuamente y liberan al paciente.

Yo observo, aprendo de su manera de estar con el paciente. Empezamos a las 8 por la mañana y acabamos a las 9 de la noche. Le pregunto:

—¡Tienes que estar cansado, Marc!

—Nunca.

—¿Cómo lo haces, cuál es tu secreto? Trabajas doce horas al día.

—No trabajo. Me paseo con un hombre o una mujer por las fechas de su vida; me siento de vacaciones.

De hecho, de regreso en casa, ya tarde durante la velada, continuamos hablando de los pacientes que hemos visto juntos, y luego nos vamos a hacer tiro con arco, deporte al que somos aficionados los dos. Es la una de la mañana cuando nos vamos a dormir.

* * *

Después de todos esos encuentros, yo llevo en mi alforja la aportación nueva, teórica y práctica, de tres gigantes:

- El doctor Hamer nos ha ofrecido el **diagnóstico biológico,** es decir, la comprensión del origen de las enfermedades: el sentido y los códigos biológicos. Con él *todo es biológico.*

- Milton Erickson nos ha ofrecido la terapia que actúa sobre la estructura de lo vivo. Con él *todo es aprendizaje.*
- Marc Fréchet nos ha ofrecido el diagnóstico del origen cronológico de las enfermedades: ciclos, edad de autonomía, proyecto-sentido y su terapia creativa. Con él *todo está conectado, nada está aislado.*

La intensidad, ¡nada más, mi querido amigo!

«¡Amigo mío! Aliméntate de las estrellas
con el fin de irradiarlas a tu alrededor
y así transformar en los corazones
la noche en día».

Nunca he comprendido muy bien este versículo de la Biblia: «Aquel que no ha sufrido no tiene muchos conocimientos». ¿Es un elogio del sufrimiento? Creo que he desaprovechado esta frase. Sea como fuere, si bien he sufrido, nací, me parece, con buena estrella. O planeta. O cometa. Y debido a esta buena fortuna, he ido encontrando en mi camino a otros gigantes, a veces en conferencias, a veces alrededor de una mesa, como me pasó con Christiane Singer, o más con Guy Corneau. Todas las veces he tenido la misma sensación, el mismo punto común: *la intensidad.*

La intensidad de sus vidas, la intensidad del encuentro, la intensidad de sus investigaciones, de su exigencia para no detenerse nunca por el camino. Una vez emitida la pregunta, una vez asentada su mirada sobre ti, no hay escapatoria… Tienes que descubrirte[27] para descubrirte.[28] No hay otra opción.

Desembarazarnos del amasijo de nuestra ropa, de nuestras costumbres, para contemplarnos como alma hermosa, mujer hermosa, hombre hermoso. ¡Qué placer es de decir «presente» y llegar hasta el

---

27. Quitarte las protecciones. Desnudarte.
28. Saber quién eres.

fondo de la mina! ¡Sí! Esa propuesta que le rechacé al amerindio me fue posible más tarde. Evidentemente, en modo alguno era cuestión de encontrarme otra vez con el amerindio, sino de encontrarme a mí mismo. Cuando digo «a mí mismo», es mucho más allá de la historia y de la geografía, y de todos sus personajes. ¡Hay tantas capas y profundidades! Como un geólogo que tan sólo se detuviera una vez llegado al centro de la Tierra, consumido por entero por su núcleo incandescente.

En el transcurso de cada encuentro, siempre he sentido esa misma intensidad. Lo primero, placer, con esa misma sensación de una pizca de soberbia: «¡Ah! Estoy en presencia de un personaje famoso. ¡Qué orgullo! ¡Voy a poder impresionar a mis amigos!». A continuación de lo cual, sentía una incomodidad, un malestar, más o menos leve. ¿Qué soy yo al lado de él, de ella? ¿Un usurpador? Me era necesario atravesar eso y, para atravesarlo, acogerlo, aceptarlo, amplificarlo, convertirme en ese malestar, darle todo el sitio dentro de mi cuerpo. En efecto, huir de él querría decir reprimirlo y, forzosamente, volver a encontrármelo algún día. Por muy lejos que vayas, tu sombra te seguirá. Mientras que aceptar el malestar lo transforma, como nos enseña la conocida máxima: «Lo que rechazas, lo refuerzas, lo que aceptas se transforma». Añadiré «y a veces incluso te transforma a ti». Así, lo que tú rechazas no son los problemas, nunca. Es lo que rechazas lo que se convierte en un problema, siempre.

Esos encuentros que cambian el curso de nuestra vida

Por supuesto, hay gigantes un poco más oficiales que otros, de más celebridad. Hay también una infinidad de ellos que iluminan la tierra desde el corazón de su discreción.

Otro punto común que comparten es dejar una impronta en nuestra memoria de manera particular. Los años han pasado, pero la lozanía de su presencia persiste sin tener necesidad de ser remasterizada por esfuerzo alguno. Cualquiera, después de ese encuentro, indefectiblemente, empezará su evocación con: «¡Ah! ¡Sí! ¡Me acuerdo de ese día! ¡Es como si fuera ayer! Las imágenes, el recuerdo, todavía son más nítidos que lo que he comido esta mañana para desayunar». Después, el rosario de mil detalles y otras tantas emociones que llevamos dentro empieza a bailar la farándola.

He aquí algunos otros gigantes que me alimentan.

El ángel está ahí, Gitta Mallasz

Para empezar, brota en mi memoria un minuto (no más) que compartí con una gran dama, la escriba de los ángeles, Gitta Mallasz.

Hace mucho tiempo que su libro preside mi biblioteca con la majestad de una vidriera. He tenido que hacer muchos esfuerzos para abrirlo. ¡Qué pelea! La primera vez, la recuerdo como si fuera ayer. De modo negligente, leo el contexto de escritura del libro: es la guerra, los alemanes siembran el terror por todo el país, Hungría. Cuatro amigos, artistas, están conversando y, sin provocarla o ni siquiera esperársela, por la boca de una de ellos sale otra voz… Inicio de una conexión con seres espirituales.

Leo la primerísima frase del libro: «¡Te vamos a hacer perder la costumbre de hacer preguntas inútiles!».

Esto es demasiado para mí, yo quiero ser superficial, vivir inútilmente. ¡Fútil no útil! Cierro el libro y, cuando lo vuelvo a abrir diez años más tarde, ya no lo volveré a soltar.[29]

Gitta viene a Aix-en-Provence para dar una conferencia. Mientras espero que abran la sala, advierto la presencia de una galería de pintura justo al lado. Me gusta optimizar mi tiempo; mientras el público hace cola para entrar, yo decido ir a admirar los lienzos. Qué sorpresa, ver a esa pizca de mujer contemplando una pintura. Me acerco a ella, la abordo con estas palabras: «¡Buenos días! ¿Sabe usted que hoy celebramos el Santo Ángel?». Ella me sonríe y me responde de manera misteriosa: «Eso no hay que divulgarlo, hay cosas que uno tiene que

---

29. Extracto: «El insensato corre hacia la luz y se abrasa en ella como una polilla. El sabio permanece inmóvil en la oscuridad. No camina, no se arroja. E, incluso aunque la luz le encontrara, sus ojos ya no ven, pero el rayo se vierte a través de ellos. Ya no hay nada más que esperar. Su mano ya no pide, ya no hay fe».

guardarse para sí», y luego se aleja. El encuentro no es mental, aún menos filosófico, conceptual, ni siquiera emocional, todavía menos físico evidentemente, sino de otro plano. No hay en él nada en particular que captar o que comprender con la inteligencia. Al igual que un perfume. Está ahí, hechicero, pero no hagas un esfuerzo para aspirarlo y disfrutarlo más, porque se te escaparía. Déjale que venga a ti, sin voluntad. Él se ofrecerá.

Por entero en la mirada de Christiane Singer y en las palabras de Guy Corneau

Pasan los años y heme aquí convertido en conferenciante, un poquito conocido. Estoy invitado en Avignon a un gran evento, en medio de otros conferenciantes de renombre. El organizador tiene una idea luminosa que no he vuelto a ver jamás. Tres conferenciantes al mismo tiempo en el mismo escenario, frente al público que hace preguntas. La novedad, esta vez, es que cada conferenciante responde por turno a la misma pregunta desde el interior de su experiencia.

Estoy en compañía de Christiane Singer y de Guy Corneau. Estoy en la gloria. Cada uno gozamos de las respuestas de los demás. Prolongamos el placer esa noche en un restaurante. Está presente asimismo Bernard Montaud con su mujer. Es él quien ha acompañado a Gitta Mallasz hasta el final de su vida. Christiane no está directamente cerca de mí, está en el otro extremo de la mesa. Al día siguiente por la mañana, andando por las callejas de Avignon, reparo en ella en la terraza de un café. Me siento frente a ella por invitación suya. Ése es el momento sublime y breve de estar en su mirada…

Envuelto por la bondad de sus ojos, la dulzura de su sonrisa, y de su ser que escucha realmente. No percibo obligación alguna, ni aburrimiento o distracción. Nada es impuesto, todo está abierto. Tengo la impresión de que podría permanecer así muchísimo tiempo. Y, en cierto modo, ¿no sigo estando ahí?

Tengo el gozo, renovado sin cesar, de cruzarme en varias ocasiones con Guy Corneau. Mi estatus de escritor me ha abierto numerosas puertas y me permite así acercarme a personalidades tales como él. Esto sucede gracias, asimismo, a una amiga común, una mujer excepcional, que no ha escrito libros, que da pocas conferencias –cuyo nombre tú probablemente ignoras–, pero que irradia con la misma intensidad de escucha y de presencia, y te da un anticipo de la humanidad evolucionada: Geneviève D'Ortega. Me invita a impartir talleres de formación, a dar conferencias en Aix-en-Provence, y así me presenta a Guy al final de una de sus intervenciones. Con él, yo aprendo a distinguir lo que se dice de quién lo dice.

Tengo grabada en mí la primera frase que le oí pronunciar. Acabo de llegar a su conferencia y me siento. Para ser sincero, no he venido a aprender teoría. He venido como aprendiz de conferenciante, a descubrir su estrategia para captar la atención y hacer que cale un mensaje. ¿Tiene él un plan, una técnica?

Desde el mismo inicio, se me ofrece una hermosa respuesta:

«Espero que la conferencia sea buena –empezó diciendo él–. La conferencia es buena cuando el conferenciante aprende algo durante la conferencia».

La gente se ríe. Él crea un ambiente ligero. Crea asombro y una profundidad que todo el mundo percibe. El conferenciante aprende algo cuando no es él quien habla, concluyo yo. La conferencia es buena cuando el conferenciante no se coloca en el centro de la conferencia. No se toma a sí mismo como primera persona del singular. Sino cuando, como suele decirse, se convierte en un canal y se dicen cosas a través de él, especialmente para las personas presentes ese día. Si se trata de una conferencia escrita con antelación, la gente se aburre. Si se escribe a medida que se va pronunciando, te concierne directamente a ti, tú te reconoces. Porque la fuente de la improvisación del orador será el inconsciente de los participantes, sus necesidades, sus demandas.

Voy a ser sincero, todo eso de lo que habla Guy me es conocido y no aprendo nada en particular en lo relativo al fondo. Al encontrarme con él en varias ocasiones, es el hombre quien me conmueve, quien me emociona, su intensidad una vez más, allí donde se encuentra.

Sí, ¿desde qué lugar me habla?

Esto se cuestiona pocas veces. ¿Dónde estás tú, muy precisamente tú que me estás leyendo? ¿Desde qué lugar recibes estas frases, estos conceptos? Cuando, por ejemplo, veo a un niño hacer una tontería, ¿estoy en mi corazón? ¿En mis pensamientos? ¿En mi historia? ¿En los aprendizajes sobre lo que es normal y sobre lo que conviene hacer? ¿En mi alma? ¿Poniéndome en su lugar? Evidentemente, según el lugar, mi reacción y luego nuestra relación serán radicalmente diferentes.

Y cuando un orador toma la palabra, ¿se expresa desde su ego o desde su abandono a algo más amplio que él?

Eso constituirá toda la diferencia.

Esta pregunta me la hice frente a una persona despierta, un maestro espiritual de la no-dualidad[30] tal como Eckhart Tolle.[31] ¿De dónde proceden sus palabras? Es evidente que no trae nada escrito de antemano, las frases van fluyendo libremente, espontáneamente, igual que el pianista de *jazz* que improvisa algo nunca oído hasta entonces ni vuelto a oír nunca después.

Yo creo que lo que al oyente le emociona, le golpea, le transporta, incluso yo diría que le educa más, no es el discurso teórico, sino más bien el lugar en el que se encuentra el formador. Puedo fácilmente imaginar a dos personas que digan el mismo concepto, las mismas frases con idénticas palabras. Una sola de las dos te conmoverá. ¿Desde qué lugar te habla?

Así, descubro que una conferencia no es una clase ni una formación. Para ello, será necesario tomar más tiempo y crear otro marco. El conferenciante crea un ambiente y, si tú preguntas al público unos días después: «¿Qué tal fue?», la mayoría de las veces, te responderá: «Me gustó mucho, era interesantísimo. Aprecié mucho todo aquello de lo que habló». Entonces tú insistes: «¿Puedes decirme más? ¿De qué habló exactamente?». Penosamente sacarán una o dos ideas del orador, a veces ligeramente deformadas, por otro lado. ¿Qué decir seis meses o un año después de aquello que se memorizó, que se aprendió? Casi nada de una velada que, no obstante, duró 1 h 30. No realmente nada: una sensación. Agradable o desagradable.

---

30. Advaïta: doctrina india que apunta no hacia lo percibido, el universo de los fenómenos, sino hacia aquello que percibe, hasta descubrir que tú no eres una persona separada, sino Conciencia Impersonal.

31. Autor del libro *Le pouvoir du moment présent*, Ariane Éditions.

Lo esencial está más allá de las palabras y te deja impronta, reorienta tu caminar de arroyo hacia otro océano. Tu vida ha cambiado de punto cardinal. Por una frase, una mímica, una mirada de alma.

La felicidad sencilla de sor Emmanuelle

Heme aquí ahora para otro encuentro en Aix-en-Provence, en la catedral Saint-Sauveur. Sor Emmanuelle acaba de llegar de Egipto. Está sentada en medio del transepto, en una sillita de madera. Parece tan minúscula en su silla, pero nadie se llama a engaño. La luz de esta mujer no viene del exterior. La vidriera es ella misma. El Sol ya no puede ocultarse en el interior de ella, ilumina su rostro, sus gestos y sus mismas palabras. Y, al igual que Gitta Mallasz, responde a las preguntas, espontáneamente.

Una persona acaba de levantar la mano: «¿No es demasiado difícil vivir con los traperos de El Cairo, frente a su pobreza? Tienen que estar muy tristes, eso tiene que ser difícil».

Contra toda expectativa, ella se echa a reír: «¡No se da usted una idea de la alegría que comparten entre ellos! Yo llegué ayer al aeropuerto de Niza y, al salir del avión, la gente que me cruzaba por los pasillos y en las salas de espera desprendía en su mayoría una tristeza infinita, ¡como si hubieran perdido el sentido de lo que hacen, de su vida! Como si ya no supieran muy bien por qué están aquí, por qué hacen esto o aquello.

»Hastiados, lo tienen todo pero no tienen nada, y lo que tienen lo guardan, mientras que en mis poblados de chabolas, si alguien se encuentra una manzana, va a compartirla con otro que tenga más hambre que él. Toman un objeto cualquiera y juegan al fútbol con él. Por las noches, no tienen ni cine ni discotecas, así que se reúnen, cuentan historias. Hay mucha más alegría allí que aquí».

¡Qué sorpresa! ¡Qué asombro! ¡Qué reencuadre!

Jacques Salomé, regresar a lo concreto

El primerísimo maestro conferenciante al que escuché lleva el nombre de Jacques Salomé. Tiene el talento de simplificar cosas complejas y de permitir a miles de mujeres y de hombres aprender a vivir en relaciones respetuosas con su entorno, con sus allegados, consigo mismos.

No hace terapia, pero enseña a comunicarse. Y dime, cuando tú te comunicas con verdad y sinceridad, ¿qué sitio queda para el sufrimiento, el conflicto, la enfermedad? Ninguno.

Sus herramientas son simples, accesibles. Ése es su talento. Y yo quiero, también con él, aprender su secreto, asistiendo a sus conferencias, que llenan salas inmensas. Hay que reservar sitio para poder asistir. ¿Por qué? ¿Cómo?

En esa época, yo creo que soy un conferenciante pésimo: un buen terapeuta, un buen formador, pero en las conferencias no lo sé hacer, necesito aprender.

Observo que él implica al público, que cambia de ritmo: serio, gracioso, teoría, se alternan historias, experiencias. Todo lo que cuenta es simple, el auditorio se reconoce; ¡y después se le propone una solución dinámica! No actúes más así, practica esto. No hables jamás sobre el otro, habla de ti, de tu realidad. Abandonar la conocida relación de claxon tú-tú-tú: «**Tú** tienes que cambiar, **tú** eres malo, **tú** no me escuchas», para pasar a la relación yo: «**Yo** siento esto, **yo** necesito aquello». Esto es simple y divierte a todo el mundo (como esa palabra «claxon»), y eso deja marca en las mentes mientras da una solución. Juega asimismo con la bufanda de relación, haciendo que el público suba a escena. No responde de manera abstracta ni conceptual a las preguntas que se hacen. En esto también me voy a inspirar. Invita a la gente, a los que hacen preguntas, a que salgan a representar su drama en escena.

Por ejemplo, a esa madre que se queja del comportamiento de su hija adolescente y que querría evidentemente que cambiara ella, le dice: «Venga a mi lado».

La mujer se encuentra un poco cohibida, observada, pero si no se levanta, si no hace nada, no cambiará nada. Cualquier respuesta sólo serviría para alimentar su mente, su culpa o su pleno derecho; en todo caso se mostraría como totalmente inútil. En cambio, al ir al escenario, se otorga a sí misma una experiencia nueva. Jacques invita a otra persona al azar a que suba al estrado para interpretar el papel de su hija, y coloca una bufanda que sujetan ambas mujeres: «Una relación con dos extremos, y usted, señora, la madre, es responsable de su extremo, y su hija es responsable del suyo. Si ella suelta la bufanda, ya no hay relación. Si suelta usted la bufanda, ya no hay relación. Para que haya una relación, tiene que haber dos personas, e insisto: cada una es responsable de su extremo y no del extremo de la otra. Ocúpese usted de alimentar la relación en su extremo y deje a la otra libre para actuar».

La metáfora y la imagen clarifican las cosas. A cada pregunta, a cada dificultad, Jacques la pone en escena, crea movimiento y permite así una mirada nueva sobre esa misma situación.

Ver por fin el inconsciente, Bert Hellinger

Otro gran señor pone en práctica estos tres elementos; Bert Hellinger es el creador de las constelaciones familiares, enseñadas a su vez bajo los cielos de los cinco continentes.

Estoy en Suiza. La víspera del seminario, me sorprende ver a ese señor bajito y sencillo pasearse de incógnito por la sala del futuro taller; rápidamente queda rodeado de estudiantes que le reconocen. Como todos los gigantes, tiene la misma intensidad en su mirada, en su presencia para el otro.

He aquí una anécdota que ilustra su práctica: un alumno del curso, paciente P, expresa una dificultad.

—Me duele el hombro –dice.

—Elige una persona para que represente tu hombro. Otra para tu padre y otra para tu esposa –le pide Bert, según lo que ha percibido del enfermo.

Cada individuo R que es elegido para representar un órgano, un tema o un personaje del pasado se convierte, en un solo instante, en la historia de ese paciente P. El inconsciente no tiene límites y no está contenido en una parte de nuestro cerebro, desborda de nuestro ser.

Os pongo un ejemplo personal. La primera vez que me presento como paciente P para una constelación familiar y para poner en escena a mis antepasados, elijo al azar a un alumno R para representar a mi padre. Al oírle hablar me llevo la sorpresa de reconocer el acento de Arcachon de mi padre. «Anda –me digo–, él también es de allí». Después del trabajo, llega el descanso y me dirijo hacia ese hombre que ha interpretado a mi padre, y nueva sorpresa: su acento ha desaparecido totalmente. Es evidente que él ignoraba ese detalle, era la primera vez que yo me encontraba con ese hombre.

Algún tiempo más tarde, estoy dirigiendo a mi vez una constelación de los órganos. Hay un paciente en el centro de la sala, rodeado de participantes, y va eligiendo a sus órganos enfermos. Cuando elige a una mujer R para representar su próstata, a todo el mundo le hace mucha gracia, excepto a la mujer. Después del trabajo, los representantes de un órgano van tomando la palabra uno a uno; esta mujer cuenta: «Soy médico y mi tesis versaba sobre el estudio de la próstata».

Los representantes ignoran la historia del paciente, pero, una vez elegidos por éste para representar un personaje, órgano u otro elemento de su experiencia vivida, quedan imbuidos mental y emocionalmente del inconsciente personal y transgeneracional del paciente.

Las constelaciones inventadas por Bert Hellinger nos permiten literalmente ver a través de los representantes el inconsciente del paciente, su pasado, los secretos transgeneracionales. El drama se representa de nuevo ante nosotros para poder ser sanado.

¡Qué benefactor es ese hombre para la humanidad! Le ha ofrecido a cada ser humano la capacidad de acceder simple y directamente a su inconsciente, a sus secretos familiares, y así la de poder liberarse de ellos, y por consiguiente ¡poder vivir por fin su vida! ¡Guau! Finalmente, nunca es demasiado tarde para tener una infancia feliz y unos antepasados reconciliados, serenos, ¿no es verdad?

Vivimos de símbolos en un mundo metafórico, Alejandro Jodorowsky

«Yo no hago terapia, hago arte».

¿Ha oído todo el mundo esta frase que pronuncia este hombre generoso? Es sincero. Para permitirle a todo hombre superarse, transformarse, amarse, ha creado un modelo de comprensión y de práctica totalmente inédito, basado, una vez más, en su propia historia. Durante todo el fin de semana, Alejandro Jodorowsky escucha a cada demandante de una manera muy original.

Ni como Hamer, buscando el drama emocional reprimido lupa en mano.

Ni como Marc Fréchet, poniendo en relieve fechas, conectándolas de sentido.

Ni como Erickson, estimulando los recursos inconscientes.

Ni como Salomé, sacando a escena lo que oye.

Ni como Hellinger, haciendo que unos alumnos representantes interpreten los secretos transgeneracionales.

¡Ni como nadie más que él!

Percibe como simbólicos todo problema, toda situación.

Nació en Chile en 1929, adiestrado por un padre sádico, torturador, como lo describe él en su biografía *La danse de la réalité*.[32] «Para ser amado, como le hace creer su padre, tienes que resistir el sufrimiento, y así honrarme a mí, ser un hombre». Siendo niño, el dentista tiene que extraerle una muela. El padre le sugiere que puede elegir no pedir anestesia; en cuyo caso será un hijo y merecerá todo su amor de padre. Frente a esa falsa elección, el niño acepta la intervención sin anestesia y después pierde el conocimiento. Ése es un ejemplo entre mil de crueldad y de culpabilización soportadas por ese niño, que se convierte en responsable de su propia desgracia, y no el padre, puesto que es él solo quien decide.

Para sobrevivir, existe el subterfugio de la locura o del arte. En cualquiera de los dos casos, te encuentras en un universo metafórico, en el del símbolo, que ocupa el lugar de la realidad. Razón por la cual, a mi entender, está tan cómodo Jodorowsky con lo que él llama «los actos psicomágicos».

Asisto a uno de sus seminarios, durante el cual un hombre expresa su dificultad en la pareja, se siente sometido, femenino. Alejandro le pide que, una vez de regreso en su casa, se pinte los testículos de color dorado.

Una mujer expresa la relación tan cercana que tiene con su padre, así como sus dificultades sexuales. El artista Jodorowsky le pide que vaya con la foto de su padre a una de esas tiendas en las que uno puede imprimir lo que quiera en una camiseta. Una vez impresa la foto paterna, tendrá que pedirle a su marido que lleve puesta esa camiseta mientras hacen el amor.

Su idea es traer a lo concreto lo que vivimos en lo abstracto, vivirlo de verdad.

---

32. Editor: Albin Michel.

Uno de nosotros se desvaloriza, no consigue ascender socialmente. Jodorowsky nos pide que nos apretemos en torno a ese hombre, que se va a encaramar sobre nuestros hombros, y lo llevamos todos juntos a cuestas, en vilo, con nuestras manos como olas sobre las que él va rodando, transportado por nuestros alaridos de alegría.

La experiencia psicomágica, simbólica, una vez vivida, es siempre emocionalmente muy fuerte; está conectada con la problemática; al concordarse con ella, la hace evolucionar, la transforma.

Jodorowsky tiene la capacidad de tener sueños lúcidos, es decir, de hacerse consciente durante sus sueños de que está soñando. Consciente de que sueña y de que está en esa realidad simbólica, puede intervenir en ella y transformarla.

Ha comprendido que eso a lo que nosotros denominamos la realidad es exactamente del mismo material que el sueño, es decir, simbólico, metafórico.

Una amiga no deja de cortarse con tijeras, cuchillos y otros objetos cortantes… Hasta el día en que le suelta a su mejor amiga: «En este momento estoy cansada, necesito un *corte*». Se echa a reír al hacer la conexión entre lo que acaba de decir y lo que está viviendo en su día a día. Los cortes cesan.

Un paciente, mecánico, me confía que no deja de pinchar en este momento: las ruedas de su bicicleta y las de su automóvil. En otro momento, me habla de su deseo de afirmarse frente a su padre, pero en el último momento renuncia: «Me desinflo, me dice.

»¡Lo mismo que tus ruedas!», le contesto yo.

Todo es mensaje, una lección. Ciertas lecciones son más caras que otras: pinchazo, corte, enfermedades, delirio…

«Mi gratitud vuela hacia ti, Alejandro, desafiando las leyes del tiempo y del espacio para decirte: gracias por ser».

Vivir cada una de nuestras dimensiones, Ghislaine

Su voz canta. Su sonrisa, sus ojos, nos hablan del país en el que respira y baila. Lleva por nombre Ghislaine, libre y organizada. ¡Qué paradoja! ¿Serán capaces esas dos de convivir armoniosamente? ¿No será destruida la libertad bajo la implacable rigidez de una mente organizada?

¿Tendrá esta última su lugar en una vida libre de toda coerción? ¿De todo conflicto?

Muy al contrario, toda libertad está sostenida por un orden oculto.

Ghislaine irradia de plenitud, colmada.

¿Tiene un secreto?

Sí: ¡el ritual de cada una de sus jornadas!

Se levanta.

Yoga, práctica corporal tal como el taichí, un tiempo de meditación silenciosa.

Después atiende a su estómago con benevolencia.

Después viene el tiempo del jardín.

Un tiempo de lectura. Aprender.

Deporte. Arte. Paseo por la naturaleza con todos los sentidos abiertos, encuentros amistosos.

Escuchándola, siento envidia. Cada día se viven todas las dimensiones de su ser: física, emocional, espiritual, intelectual, afectiva.

Yo estoy muy lejos de eso, no tengo tiempo suficiente para hacer todo eso. No me doy el tiempo. Los quebequenses, en este tipo de afirmación, sustituirán la palabra «tiempo» por la palabra «amor»: no tengo suficiente amor en mí para hacer todo eso.

El enjuicia miento

Llevo dos días observando a ese hombre de 50 años. Somos quizá un centenar compartiendo este fin de semana rico en emociones, una fiesta ofrecida por las ediciones Le Souffle D'Or en torno a sus escritores. Los lectores pueden así desarrollar una conversación, una comida o un taller con el autor que elijan; de igual modo, el autor se encuentra por fin con aquéllos para los que escribe, invisibles destinatarios, razón de ser de nuestro arte.

Pero ¿qué tiene de particular este hombre entre todos? No sabría definirlo, soy sensible al bienestar que me acompaña en su presencia o cuando pongo mi mirada en él. No tengo la impresión de ser el único que está en ese caso. Sin vacilación alguna, lo abordo con curiosidad. Esto podría venir a formularse en: ¿cuál es tu secreto? Con toda evidencia, no le molesto. Una sonrisa parece iniciarse en cada parte de su cuerpo. Rápidamente, me confía lo que yo tomo como su secreto:

«Un día tomé conciencia de la frecuencia de los pensamientos críticos, juicios, evaluaciones y opiniones de todas clases que emanaban de mi cerebro. Y en ese mismo impulso tomé conciencia, más que de su inutilidad, de su toxicidad. De modo que tomé una simple decisión: cortar en seco. No juzgar más.

»Cuando aparecía algo que se pareciera a eso en el interior de mi consciencia, mi práctica consistía en observar ese pensamiento, ese juicio tanto sobre mí mismo como sobre el otro. No criticaba ese pensamiento, por supuesto, porque eso me habría mantenido en la crítica. No. Simplemente verlo; y ver eso me disoció de ello.

»Hice otro tanto con la impresión de ser juzgado por otros. Eso tampoco era más que un pensamiento.

»En un momento dado, tomé conciencia del placer que obtenía juzgando. En ese caso, lo que tenía que hacer era el duelo de ese placer morboso.

»Con sosiego, me obligué todos los días a esta única práctica durante años. Y ya está. Ésa es mi práctica, mi secreto, si quiere usted llamarlo así. No tengo ninguna otra cosa particular que confiarle, pero puedo afirmarle que eso ha cambiado mi vida en su longitud, su anchura y su espesor, así como en todas mis relaciones.

»Vivo simplemente tal como le deseo a cada una y a cada uno».

¡Qué sabiduría!, me digo en mi interior. Nada muy elaborado, nada filosófico ni metafísico.

Ni prácticas complejas o exigentes, sino una única cosa:

No juzgar.

¡Guau!

Así, sin saberlo, cada uno de vosotros sois en cierto modo los cocreadores de la descodificación biológica: Bert Hellinger, Jacques Salomé, sor Emmanuelle, Gitta Mallasz, Guy Corneau, Ernest Rossi, Alejandro Jodorowsky, pero igualmene vosotros, señor XY, señora XX.

Cada una y cada uno me habéis gratificado, colmado con una flor para la creación de este ramillete cuyos colores y cuya fragancia son un regalo para aquellos que deseen embriagarse en él de renacimiento recuperado.

Pero ¿qué es lo que hace eficaz la terapia?

El problema, la enfermedad, es estancamiento. Un tumor en el cuerpo es historia, es pasado que no quiere morir y que se impone bajo la carpa del instante presente.

Cierto es que el ser humano, la mayoría de las veces, conjuga el pasado en el tiempo del presente. Se hace ilusiones. Con el rostro tenso, la frente crispada, habla de su infancia difícil que ya no está aquí hoy. Lo que se dice es: he sufrido. Lo que se ve es: sufro. Eso es lo que se vive, se *resiente,* lo que está bloqueado, petrificado.

¿Qué hacen Jacques Salomé, Jodorowsky, Hellinger, al igual que otros hombres de talento?

Lo primero, VOLVER A PONER MOVIMIENTO: con lágrimas, gritos, movimientos físicos… Porque todo problema es una foto fija. Inercia. Una historia detenida, una foto.

Después, para evolucionar, cambiar, sanar, no hay más posibilidad que CAMBIAR DE ÁNGULO DE VISIÓN, de percepción. Nosotros lo sabemos, el problema nunca está en el exterior, sino en nuestra percepción del exterior. El problema no es que el otro me desvalorice. El problema no es que el otro pronuncie ciertas palabras. El problema es que yo las percibo como insultos o ataques. El problema no es que el otro me dé la espalda y coja la puerta. El problema está en mi percepción de ese comportamiento. En mi interpretación: *es culpa mía, él ya no me quiere, ella me traiciona, me abandona, es definitivo.*

Cambiar nuestra percepción es, por ejemplo: mirarse uno a sí mismo desde fuera, disociarse de la situación para tener más objetividad. O cambiar tus creencias; aquí va un ejemplo, cuando Tolstoi escribe: «No hay hombres malvados, tan sólo hay hombres que sufren».

O: «No es que tu madre no te quiera, simplemente está agotada, preocupada, es torpe». «Tu marido te dice que te quiere, pero a su manera, una manera de hombre».

Aceptar lo que es no siempre es fácil; cambiar el ángulo de percepción conducirá al mismo resultado.

Tu percepción no es mi percepción. Tu universo no es mi universo. Tu rosa no es mi rosa. Cuando los dos hablamos del bosque, hablamos de dos bosques diferentes. Tu solución no es mi solución. Y yo puedo incluso afirmarle a mi hermano: «¡Tu padre no es el mío!».

Todos tenemos los mismos órganos, pero lo que hacemos con ellos es diferente. Todos tenemos las mismas necesidades biológicas, pero nuestra manera de satisfacerlas es diferente. Todos tenemos las mismas emociones, pero lo que las provoca es diferente. No hay más que una sola vida, una conciencia única que nosotros confundimos con sus infinitas expresiones.

La objetividad es un argumento del mental para negar todas nuestras emociones.

Finalmente, la última constante del cambio es: CAMBIAR EL SOPORTE DE LA EXPERIENCIA.

Con Jacques Salomé, la relación, ese concepto abstracto, se convierte en una bufanda. Yo la veo; gracias a lo cual puedo actuar sobre ella, ¡sobre su transposición! Puedo tirar de esa bufanda o puedo soltarla. El cambio de soporte es fundamental. El arte-terapia utiliza soportes, y los chamanes lo hacían mucho antes que él, y también el psicoanálisis, que transforma la historia en palabras. Ya no es una cosa que está en la mente, sino una frase que desplaza aire. Ya no es una bola en el estómago, se convierte en un dibujo para el arte-terapeuta. Ya no es mi pasado familiar para Bert Hellinger, sino unos actores-representantes que interpretan el papel de mis padres, por ejemplo.

Cambiar el soporte tiene increíbles virtudes. Creo que el ser humano hace eso permanentemente, para lo peor o para lo mejor.

Un hombre ama a una mujer, lo dice con palabras, con besos, con regalos, con su puntualidad, con su fidelidad. Un hombre sufre en su pareja, lo dice con palabras o con ardores de estómago, dolores de cabeza, pesadillas, un retraso en la cita, un descenso de su libido, una dificultad de concentración en el trabajo, una pintura en la que pone su rabia, su frustración.

Así, todo es soporte de experiencia.

A resultas de un drama, ¡es cosa nuestra elegir su soporte!

El problema no es lo que haya ocurrido, sino lo que tú haces con ello, el soporte elegido: un cáncer o una poesía.

La enfermedad es un soporte. El problema es el soporte, no la experiencia. De modo que, para estar mejor, ¡cambia el soporte!

Este descubrimiento fundamental me permite comprender cómo funcionan todas las terapias. ¿Qué es lo que hace que una terapia sea eficaz, que una persona se sane o no? El soporte, no otra cosa.

Así, después de una tragedia, un *shock,* un imprevisto, cada uno, espontáneamente, al margen de su voluntad, tomará un soporte y luego otro teniendo como finalidad la de resolver, transformar, asimilar.

En realidad, todo inconsciente busca el soporte liberador. Lo que será eficaz para uno no lo será para el otro. Algunos ponderarán los beneficios del deporte que los liberó de un malestar, mientras que otros te presentarán el arte como lo que ha sido su vía de transformación.

Todo esto se hace de manera natural, espontánea, inconsciente, en todos nosotros.

La energía interna, a resultas de un *shock,* busca un soporte, una puerta de salida, tal como los sueños, el arte, las palabras, el movimiento, las creencias, las emociones, el deporte, la escritura de tu biografía, la sexualidad…

Por ejemplo, el estrés de ese drama pasado se expresa mediante tu cuerpo que sufre. Tú no quieres vivir ese estrés en tu estómago. Tú ya no quieres estar enfermo. El terapeuta cambiará el soporte del drama pasado: «Háblame de ti… Háblame de ello con emoción. ¿Qué fue eso que ocurrió de lo que tú no has hablado nunca?».

Así, el drama cambia de soporte. Esa contrariedad, esa ira ya no se expresará en el estómago, sino en palabras, en lágrimas, en un dibujo, en una confidencia, y así, estando en otra parte, libera el cuerpo.

El talento del terapeuta es, pues, descubrir cuál es el soporte resolutorio para cada paciente, para cada situación.

Hay tantos y tantos soportes. Ciertos pacientes estarán cómodos con visualizaciones, otros utilizarán objetos metafóricos, otros líneas de tiempo en el suelo, o también dibujos, una comprensión analítica, un soltar emocional… Esto no son sino soportes resolutorios válidos para ciertas personas.

¿Cuál es el tuyo? ¿Cómo te las arreglas para sanar?

Descubro igualmente que los múltiples soportes de un mismo problema están todos conectados entre sí.

Por ejemplo, cuando yo le ofrezco un regalo a mi prometida por amor y ella lo arroja al suelo y lo pisotea, yo siento mi amor pisoteado.

En efecto, el regalo está conectado con mis sentimientos. Al rechazar lo uno, rechaza lo otro. Al acoger lo uno, acoge lo otro. Los dos no son sino uno. Así, cuando el paciente encuentra el nuevo soporte resolutorio, y lo hace evolucionar, el problema que está conectado con él se transforma.

Comprendo por fin lo que es la terapia, lo que la hace eficaz: no es otra cosa que un cambio de soporte del problema del paciente.

Todo protocolo es una puesta en escena del problema del paciente, de su inconsciente, de su historia.

El protocolo más poderoso es la palabra.

La vida es una sucesión permanente de protocolos metafóricos.

Así, Jacques Salomé (como Erickson y otros chamanes) practica los tres secretos de la terapia y del cambio:

- volver a poner movimiento,
- cambiar el ángulo de percepción,
- encontrar un soporte resolutorio.

EL TIEMPO
DE LOS CUESTIONAMIENTOS

Nunca tuve ni la voluntad ni la conciencia de crear una nueva forma de terapia. Eso se hizo, nada más.

Pero ¿cómo, en realidad?

Mi padre, último de la clase, como no comprendía nada, abandonó la escuela la mañana en que cumplía 14 años.

¿Es casualidad si, en más de 24 países, me convierto yo un día en profesor, director de una escuela y formo a una veintena de formadores? No, no es ninguna casualidad, la casualidad es información codificada. Nos corresponde a nosotros desencriptarla.

¿Cómo he llegado yo a crear una escuela, hoy internacional, yo, el mal estudiante que no tenía nivel para ir al instituto, que entró por la puerta de atrás a la escuela de enfermería y después fue expulsado a seis meses de obtener el título…?

De encuentros con Hamer, Marc Fréchet, Alain Moenaert…, en seminarios de PNL, hipnosis, metáforas terapéuticas…, adquiero un saber teórico y práctico. Como tantos otros alumnos, habría podido conformarme con aplicar lo que me enseñan a mi práctica de terapeuta.

Pero, antes incluso de asistir a esos cursos de formación, mientras aplico mis tratamientos de enfermería a domicilio, me siento invadido por una necesidad: enseñar, da lo mismo qué, pero enseñar. Pienso incluso en postular a una escuela de auxiliares de enfermería como profesor. ¿Por qué? Mi escolaridad fue un fracaso, una sucesión de humillaciones.

Observemos esto de más cerca:

¿Qué lógica se esconde detrás de todo ésto? ¿Cuáles son los programas, los conflictos cuya solución será ser formador, director, creador? Porque cada uno de nuestros comportamientos tiene como único papel el de disminuir el nivel de estrés consciente e inconsciente, personal y transgeneracional.

Elige: ¡Someterte, huir o seducir!

¡Por mi parte, yo elijo los tres!

Soy niño. Nadie se interesa por mí, excepto cuando hago el payaso, a costa de quedar a veces en ridículo; da lo mismo, siempre y cuando me miren. Qué abismo cuando nadie me ve ni me escucha: dejo de existir. Le doy todo el poder al otro. ¡Qué sufrimiento el tener que imponerme esto!

Mis padres no quieren hijos. Mi hermano, desde el momento en que llega, importuna a su pareja adolescente. ¿Cómo comportarse para que no te vean como el malvado villano que los hace infelices? ¿Ser discreto? Peor: ser un «dócil», un objeto, un muñeco de trapo. Mi madre llega a casa de una pariente a las 10 de la mañana; sienta a su hijo mayor en una silla.

Cuando regresa por la tarde, lo encuentra en la misma silla, callado. Yo soy el segundo, no deseado. Mi estrategia será muy distinta: mi madre llega a casa de una pariente a las 10 de la mañana, me sienta en una silla, gira la cabeza para conversar y cuando vuelve a mirar hacia el asiento, está vacío. Yo no aguanto quieto en el sitio, soy curioso, quiero conocer el mundo, tengo caballos lanzados al galope en el lugar de las pantorrillas y delfines saltarines en el lugar de los muslos. Y un vacío, un abismo en el lugar del cuerpo cuando no me muevo; siento que voy a morir.

Un niño no deseado busca una estrategia para sobrevivir: hacer que le olviden y huir son dos ejemplos de ello.

Pero la pregunta más importante es: ¿qué es eso tan terrible que siente él anteriormente?

A lo largo de nuestra vida se suceden sempiternamente tres etapas:

1. El acontecimiento exterior, imprevisto, al que no estoy adaptado y que me estresa.
2. Mi reacción emocional interior.
3. Mi estrategia de adaptación:
   - comportamental, tal como: atacar, huir físicamente o en lo imaginario;
   - provocar una enfermedad física, mental, etc.

En mi caso, el acontecimiento exterior es: *soy no deseado.*

Uno de mis *resentires* es: *desvalorización profunda; mi presencia no gusta a mis padres, no los seduce en modo alguno.*

De modo que instalo el programa: *hay que seducir al otro para sobrevivir, atraer su atención.* El órgano ligado a este programa es el ovario/testículo, y su producción de hormonas sexuales, hormonas de la seducción y de la creatividad. Ésta es la hipótesis de trabajo en descodificación biológica.

Crear es una pulsión

Crear es para mí una obligación, no puedo hacer otra cosa. Lo siento como el acto más elevado, el más intenso de mi vida, ese paso de: *no hay nada* a *hay algo.*

Pero ¿de qué base ha nacido esta necesidad de crear, da lo mismo qué, pero crear? Poema, teatro, tontería, *happening, sketch,* torpeza, metáforas, protocolos…

En primer lugar, del conflicto de las gónadas. Mi vida viene a reparar una muerte;[33] en parte, claro está, una vida no se resume en una frase.

En segundo lugar, de niño, el mundo me aburre. Me es hostil, el único mundo que me interesa y en el que me siento más o menos bien

---

33. En caso de conflicto de pérdida de un ser querido, el programa será recrear otro; y los únicos órganos que tienen este papel y esta capacidad son las gónadas. A partir de casi nada (dos células), crean un nuevo ser.

es el que creo yo, el imaginario. ¿Cómo describir mi experiencia, de niño, de estar en la Tierra? No estar. Estoy ausente.

Lo que durante un tiempo es la solución a mi problema se va a convertir en una costumbre; después en un verdadero problema. He ahí el encadenamiento que acaba por amarrarnos. Todos nuestros problemas fueron primero nuestra solución. El problema nace de la duración, del alargamiento de una solución en el tiempo.

¿Digo que sí? ¿O no sé decir que no?

No puedo decirle «no» a mi padre, nunca, ni a ninguna otra autoridad. Es peligrosísimo hacerlo. Tengo la sensación de que, al oponerme, seré destruido. Más vale huir.

La Escuela de Descodificación Biológica de las Enfermedades se construyó sobre un «sí». El aforismo nos lo murmura: «Tenemos las cualidades de nuestros defectos y los defectos de nuestras cualidades». Es un «sí» que abre, pero un «sí» sin no.

1993, mi amiga Anne crea una asociación de acompañamiento de los moribundos, en la calle Boulegon de Aix. Me pide que me una a ella. Digo que «sí» y cada semana ahí estamos ocho construyendo este proyecto. «Necesitamos un local para acoger a las familias de los moribundos. ¿Quién se encarga de encontrar un sitio? ¿Tú, Christian?». Y de nuevo digo que «sí».

Exploro, hablo de ello a mi alrededor y llego a un centro de medicinas naturales; alquilan despachos. De paso, al enterarse de que soy enfermero, el responsable me dice: «Precisamente estamos buscando un enfermero para que practique hidroterapias del colon. ¿Te interesa?». Vuelvo a decir que «sí». Principiante con los conceptos del doctor Hamer, les propongo a unos cuantos pacientes mi escucha. Una escucha inmadura, sin talento ni competencias profesionales, pero ya sé que escuchar, aunque sea mal, siempre será superior a que no haya ninguna escucha.

Abandono la asociación de acompañamiento de los moribundos el día en el que tomo conciencia de que los moribundos también son vivos, y que sanar sigue siendo posible en todo momento.

Después de esta avalancha de «sí», inicio mis sesiones de escucha difusamente terapéutica. En este centro, Alain Rosette hace tratamientos con colores, trabaja también en Marsella, en la calle Montgrand. Curioso por conocer lo que hago yo, me invita a compartirlo en forma de conferencias en su emplazamiento marsellés: Cristal XXI. Digo que «sí». Heme aquí conferenciante de un día para otro. Mi conferencia es la misma todos los meses, los mismos ejemplos (los tumores de estómago), el mismo desarrollo, durante años. Hasta el día en que una mujer, al final de una conferencia, en Aix-en-Provence, viene a decirme amablemente: «Pero ¿por qué pone siempre los mismos ejemplos?». A partir de ese momento, nunca más volví a decir dos veces lo mismo. Esa mujer me movió sin saberlo.

Un viaje hacia mi infancia

Una tarde, desde el fondo de mí, siento la necesidad de hacer una línea de tiempo real. ¿De qué se trata?

Se trata de un poderoso procedimiento terapéutico, que viene de la PNL. El paciente imagina en el suelo una línea virtual que va del pasado hacia el futuro. También la puede dibujar en una hoja de papel.

Lo que es increíble e importante de comprender es que el inconsciente lo utiliza absolutamente todo. Se cuela por todas partes. Si tú les pides a los pacientes que hagan un dibujo, el inconsciente se expresará en él. Si escribes una frase con tu bolígrafo, el inconsciente aparecerá a través de tu escritura, permitiéndoles a los grafólogos descodificar una parte de tu inconsciente. Lo mismo para los sueños, el lenguaje y las enfermedades. Así, no bien tú le has indicado al paciente que esa línea del suelo o de la hoja es la línea de su vida, lo es. La utilidad, al desplazarse por esa línea del tiempo, es encontrar traumas olvidados. El sujeto desplaza hacia atrás su dedo por la hoja de papel, o se desplaza por la línea imaginaria del suelo y resurgen recuerdos reprimidos desde hace mucho tiempo, reaparecen emociones antiguas. Esta herramienta, esta línea, abre una puerta al inconsciente. He podido utilizar esta técnica varios centenares de veces durante treinta años de terapia, acompañado sin cesar por la misma fascinación: ¡funciona!

Una hermosa ilustración es la historia de aquel joven que quería desbloquear su *impasse* amoroso. La sensación de fracaso, de bloqueo, lastra su vientre con plomo. Coloca una recta imaginaria sobre el suelo y, después, conectado a la sensación de plomo en el estómago, retrocede hasta sus 25 años, luego 20 años, 19, 18, 14 años. Se interrumpe brutalmente: «Estoy en el centro de estudios, frente a Sandrine, balbuceo. No sé cómo hablarle. La amo. Ella habla y me apremia con preguntas. Me ahogo de amor. Ella me habla de otro chico. No comprendo lo que me dice. Me voy. Echo a correr. Lloro. Estoy enfadado conmigo. El mundo está vacío y el universo es absurdo. ¿Para qué vivir?». Está claro en él por comprensión, por emoción. Una historia no acabada, un malentendido. Ruptura. Desperdicio. Depresión. Unos meses más tarde, vuelvo a cruzarme con este hombre, le escucho: «Al regresar a mi casa después de nuestra sesión, busqué cómo volver a ponerme en contacto con Sandrine. A través de unos amigos comunes, pude recuperar su número de teléfono. Dejo un mensaje y cuelgo, excitado, impaciente. En el mismo momento llega a mi buzón un mensaje telefónico. Increíble, yo alucino, ¡es ella, que me ha llamado en el mismo instante! ¿Cómo comprender esto de manera racional? Como ya te habrás figurado, volvimos a vernos y hoy somos pareja». Unos meses más tarde vendrá a presentármela, así como a anunciarme la fecha de su futuro matrimonio.

Habitualmente, esta línea del tiempo se coloca en el suelo y, caminando, avanzaremos y retrocederemos por ella con el fin de reencontrar, gracias a las sensaciones, los secretos del pasado.

En 2006 decido ir remontando a lo largo de mi línea de vida, pero en el mundo real, con la escala auténtica. Sin conocer la razón, quiero regresar a todos los lugares en los que he vivido antes de ser adulto. Tomo el tren, alquilo un coche y llego a Vernon, encuentro de nuevo el hospital, el hotel Le Normandie en el que organicé mis primeras veladas de poesía. Justo al lado, la escuela de enfermería que ahora ya lleva el nombre de mi antigua directora: Escuela Paulette-Aguilar. Busco el camino, tantas veces recorrido, para ir a cuidar por la noche a la señora anciana. Regreso al baile: El Moulin Vert, en el que mi padre tocaba el saxofón. Yo lo acompañaba raras veces, pero con orgullo, como lo está un hijo de ver a su papá en un tablado (¡anda! yo también cuando soy profesor me subo a un tablado en cierto modo, hum). Voy andando por las calles al azar. Primera sorpresa, no reconozco nada de los edificios viejos, ni de la iglesia, recuerdo vagamente la orilla del Sena, nada más. ¿Cómo es posible que no se me haya quedado nada impreso? Al azar de mis deambulaciones, llego a un lugar del que me es imposible escaparme: no puedo ni avanzar ni retroceder, me he convertido en un bloque de granito.

Apenas si puedo respirar.

¿Moverme? Ni se plantea.

¿Pensar? No más que moverme.

¿Por qué?

¿Cómo es posible esto? ¿Qué ocurrió en este sitio? Imposible ponerle sentido, memoria.

Al cabo de un largo rato, la respiración se va normalizando progresivamente y, turbado, puedo volver a mi automóvil.

Me dirijo ahora hacia Freneuse, mi antiguo domicilio familiar; después a la sala de ensayos de nuestro grupo de teatro, al pajar en el que nos amábamos entre risas y guitarras. Ahora subo los tres peldaños que conducen al ayuntamiento. Durante dos años, esperé el autobús ahí todas las mañanas. Inmediatamente sube el olor del tabaco de pipa. No obstante, no hay nadie fumando a mi alrededor. Ah, sí, es verdad, en aquella época yo siempre tenía mi pipa en la mano. ¿Cómo es posible que mi nariz recree el particularísimo perfume de aquel tabaco: el Drum? Otra cosa me conmociona mucho más: la visión de un viejo edificio justo enfrente. Lo veo por primera vez. En vista de su apariencia, debe de llevar siglos ahí. ¿Cómo es posible? ¿No haberlo visto nunca? Dos años estando ahí. De hecho, sin estar ahí... Pero ¿dónde estaba yo entonces? ¿Memoria? ¿Memoria de qué? ¡Memoria del olvido!

Una sensación se abre camino hasta mí para hacer oír su voz: es a última hora de la tarde, a media tarde o por la mañana, quizá un martes o no, no sabría decir... Y estoy invadido por un miedo totalmente nuevo, el del olvido. Tomo conciencia de que no tengo ningún recuerdo de lo que he vivido hoy, esta misma mañana, ninguna imagen. ¿Qué me he tragado en el desayuno? ¿Qué he hecho, dónde estaba yo durante toda la mañana? Intento tranquilizarme buscando los momentos vividos ayer o la semana pasada. No está borroso, es blanco o negro, de hecho, nada. Transparente sobre fondo transparente. Desaparece ese terror de estar sin memoria; sin hacerlo a propósito, lo olvido. Después regresa. ¿Qué he vivido? ¿Qué he hecho? Creo que estoy ausente la mayor parte del tiempo, «en las nubes», como suele decirse.

¿De qué instante, sobre todo, no acordarse? Revienta en mi consciencia un *flash*, brutal, tengo 10 años. Me levanto, desayuno y luego regreso banalmente a mi habitación. Mi madre llega corriendo: «¡Corre, vete a felicitar el cumpleaños a tu padre!». Demasiado tarde, él viene detrás de ella, con espuma en los labios, con aire malvado, a mí me arrancan el calzón, me arrojan violentamente encima de sus muslos, con el culo en pompa, y me llueven cintarazos y otras brutalidades. Me duele. Lloro. Y me pasaré todo el día hecho un ovillo, un día que durará años, de terror y de vergüenza entremezclados. A pesar de todos mis esfuerzos, jamás recordaré el día del cumpleaños de mi padre, y aún hoy sólo sé que es en noviembre, no más.

Otros *flashes* esperan dentro de mí, sellados, prohibidos…

Trauma: Cabeza contra autobús

Prosigo esta peregrinación nostálgica, este periplo terapéutico, este encuentro con Christian de todas las edades y de todos los lugares. Mantes-la-Jolie, Mantes-la-Ville, Le Breuil, Poissy, el centro de estudios, el estadio en el que practicaba el *rugby* (tres cuartos alero), la escuela primaria de Sablons; Saint-Germain-en-Laye: la escuela de párvulos.

Con placer, voy andando sin prisa por la calle Roger-Robereau, al hilo de mis años de parvulario. Qué deliciosa sensación: reanudar contacto con mis primerísimos recuerdos – el chocolate – la yaya – mis dos cariñosas titas – bicis y patines de ruedas. La casa se ha agrandado. Llevo cincuenta años sin volver aquí. Mi hermano y yo íbamos los dos, solos, a la escuela de párvulos, distante quizá un kilómetro. Había que tomar un callejón muy pequeño así como otros caminos. Alucino: mis pies recuerdan sin vacilar, por el dédalo de callejas, la dirección adecuada, y saben sin equivocarse cuándo hay que girar a la derecha y a la izquierda. Estoy a doscientos metros de mi escuela de párvulos, la escuela Schnapper. ¿Cuántas veces, en terapia, he trabajado este instante? Este trozo de acera. Este paso de peatones, blancas rayas de cebra. Y al otro lado de la calle, la farmacia, todo sigue ahí intactamente.

Tengo 5 años, es por la mañana, la profesora entra en el aula, no está como de costumbre. A su alrededor, los colores se difuminan y después van desapareciendo uno por uno. No se dice ninguna palabra, siento que está allí la muerte. Ella nos pide que crucemos los brazos encima de la mesa y que apoyemos en ellos la cabeza sin movernos, sin hablar. Ningún niño puede zafarse. Nos sometemos a lo no dicho. Suena la campana, corremos como prisioneros liberados para ir a buscar oxígeno. Como de costumbre, mi hermano me espera para ir a almorzar a casa y volver después a las 13 h 30. Él es el «mayor», responsable. Para mostrarlo me sujeta fuerte la mano, y me quiere obediente. Y eso es conocerme mal... Porque hoy es un día particular: exploro el equilibrio entre dos mundos: un pie delante del otro, voy avanzando por el bordillo de la acera. Es divertido. Pero no del gusto de Alain. Insiste para traerme hacia él, él tira por un lado y yo por el otro..., pero pierdo el equilibrio en el preciso momento en que pasa un autobús y me golpea. Mi hermano se sentirá culpable toda su vida. Me deja en el suelo y se va a buscar a nuestra madre. Yo me quedo solo, conmocionado, rodeado de rostros que me impiden respirar, me roban el espacio luminoso del día. Me hacen cruzar por el paso de cebra del asfalto; me tienden en el puro suelo de la farmacia: yo basculo, me marcho, olvido, me ausento durante largo tiempo. Ah, sí, el rostro de mamá por fin ahí, asustada en medio de todas esas mujeres horribles...

¡Necesitaré amor para que me den ganas de volver!

Los días se eternizan... Los minutos me parecen inmóviles desde mi camita de hospital. Esperar no es nada si tienes reloj y conoces la hora de llegada de la o el que te ama. Pero yo nunca sé en qué momento vendrá mi mamá, y todas las veces ¡es tan breve! Es mi primera noche en el hospital, ¡horror!

Lejos de aquí, mi padre vuelve del trabajo, como de costumbre, se acomoda para comer y luego se acuesta. La segunda noche, vuelve del trabajo, cena y se acuesta. La tercera noche, vuelve del trabajo, se instala a la mesa y, furiosa, mi madre le pregunta:

—Gilbert, ¿no te has dado cuenta de nada?

—No.

—¡Que Christian no está!

No se había dado cuenta.

«Siento que soy genial»

Sería lo mismo decir que, cuando estaba en relación con mi padre, valía más no estar en relación con él. Decir que me desvalorizó es débil. Rechazado. Negado. Humillado. Ridiculizado. Machacado. Pobre hombre. ¿Cuál sería su mundo interior? Gruesas capas de sufrimiento, supongo. Es digno de lástima: fue mi padre sin haber tenido nunca conciencia de su suerte, ¡sin contemplar mi genio! Qué desperdicio. ¿Bromeo? Sí y no. En realidad, no. ¿Por qué?

Durante un seminario en Suiza, el doctor Hamer transmite, por primera vez, sus descubrimientos originales sobre el sentido de los trastornos del comportamiento. Nos explica el origen de la megalomanía (como de las demás patologías, por otro lado). Un individuo que fue un tanto desvalorizado se sentirá toda su vida tímido, mal consigo mismo, depreciado. Si esto lo biologiza en su cuerpo, tendrá patologías del aparato osteo-articular (huesos y articulaciones). En cambio, aquel que vive enormes desvalorizaciones, pero que no está en su cuerpo (como disociado de su cuerpo), vivirá su vida y sus conflictos en los ámbitos comportamental, emocional y psicológico; tendrá el sentimiento y la certeza de ser un genio, el más guapo, el más fuerte, el más alto. Esta hipervalorización le permitirá en el futuro no volver a tener nunca más ese tipo de *resentir*. Pero si regresas a tu historia pasada, volverás a sentir esas desvalorizaciones. Así John Lennon, desatendido por su padre, dejado de lado por su madre, recogido después por una tía suya, autoritaria, tenía la convicción de ser alguien importante. «Cuando tenía unos 12 años, pensaba que yo debía de ser un genio, pero que todavía no se había dado cuenta nadie. Si existe un genio, yo lo soy, y si no lo hay me da igual», decía. No obstante, su tía Mimi le repetía: «Nunca te ganarás la vida con una guitarra, John». Salvador Dalí nace después de un hijo muerto cuyo nombre lleva él, y vive a la sombra de su padre, que lleva el mismo nombre. Difícil tener una identidad de Salvador. De modo que dos desvalorizaciones sumadas dan una hipervalorización.

Yo me reconozco en esta descripción dada por el doctor Hamer: «Nadie lo sabe, pero yo me siento genial».

El hambre de amar

Tengo 8 años, 9 quizá. Y mi padre entra en mi habitación mientras estoy clasificando mis sellos. Su venida me complace mucho; me hace unas cuantas preguntas, parece un poco incómodo. Hoy, yo sé que su manera de decir «te amo» es decir «te detesto». Su manera de hacer bien es hacer daño. Yo estoy contento de que mire mis sellos, de que se interese por mí, pero de golpe se despierta dentro de él un volcán cuando yo estaba abriendo mi corazón, y proyecta hacia él su lava y su ponzoña de animal furioso. Sin razón, estalla. Yo tengo miedo. El miedo no es lo peor. Lo más terrible no es que no me quiera. Lo más terrible es no poder amarle yo. Tengo tanta hambre de decirle: «Papá, te quiero». Pero eso es imposible, peligroso. Me quedo ahí, con el movimiento de mi corazón imposibilitado. ¿Qué hacer con eso, qué hacer con mi amor? ¿Hay algún ser en la Tierra que quiera mi amor? Me duele el corazón de demasiado amor bloqueado, atado, censurado, amordazado. Me duele el cuerpo. Me duele el alma.

El amor está en la cárcel y el mundo está enfermo. Estamos enfermos por no haber dicho: «Te quiero». Y el amor se transforma en añoranza, ira, depresión, frustración, locura, enfermedad, guerra, destrucción, violaciones y violencias, perversión, absurdez.

¿Oyes, papá, allá donde te encuentres en este momento? Escúchame con tu corazón, escucha a mi alma con tu alma, escucha a mi corazón murmurarte: «Te amo».

LA CREACIÓN
DE LA ESCUELA

Éste es quien soy, con toda honestidad:

Necesito ser visto, escuchado, para poder existir. Seducir a cualquier precio.

Tengo que crear para sentirme vivo.

Tengo que enseñar a un niño de 14 años (mi padre) a comunicarse y a gestionar sus conflictos interiores.

Tengo que moverme, explorar el mundo, para no sentir muy próxima a la muerte.

Como todo Christian y todos los Cristos, tengo que salvar, sanar a mi tío y a mi madre.

Me siento PERDIDO, dado que no he tenido lo que me correspondía de mi PADRE,[34] me pasaré toda la vida buscando uno, y los encontraré a montones. ¡Así aprenderé tanto! Imagina: ¡ser el hijo de un montón de padres apasionantes es mejor que ser el hijo de uno solo!

Desvalorizado, basculo al delirio de grandeza.

Y dado que la temática del padre está en mi vida, por defecto y luego por exceso, encarno el multipadre.

Ahora, lectora, lector, te voy a pedir, si tú lo aceptas, que detengas tu lectura por el momento. Que cierres este libro con el fin de ofrecerte unos instantes de reflexión metafísica. Tras haber respirado un rato

---

34. Nuevo juego de palabras por semejanza fonética: el autor acerca los términos «perdu» (perdido) y «dû de père» (la entrega que mi padre me debía por derecho). *(N. de la T.)*

y haber mirado distraídamente al techo, tus dedos pueden iniciar algunos gestos automáticos, inconscientes.

¿Qué significado tiene tu vida? ¿Tu profesión?

¿Qué significados tienen tus actividades? ¿Tus aficiones?

La creación de mi escuela tiene un significado que arraiga en mi historia. Nace en mis conflictos. Por supuesto, a partir de acontecimientos conocidos, efectivos, es muy fácil deducir de ellos una causa pasada. Tú eres profesor porque tu padre era un desastre en la escuela. Eres terapeuta porque tu madre estaba enferma. Haces tal oficio para reparar la historia o unirte a ella. Es decir, ser el remedio o la repetición. Tu padre te pegó, tú te haces educador de niños a los que han pegado, o pegas a los tuyos.

Pero hay un límite, un *bug,* en realidad, un error en esta interpretación de la realidad. Porque, si realmente tuviéramos los códigos completos de comprensión y el conocimiento absoluto de esa lógica, podríamos sin equivocarnos conocer el futuro, y no es el caso. Yo no fui deseado por mis padres, por eso me vuelvo creativo. Pero esto no es así para todos los niños no deseados. Evidentemente, es el trabajo de ciertos terapeutas el ir a buscar en la historia inconsciente aquello que generó los problemas de hoy. Traído a la consciencia, el recuerdo cambia; y el presente se transforma, la enfermedad desaparece, la depresión alza el vuelo, la fobia cae en el olvido. Así pues, sí que existe una verdad: nuestro pasado ha determinado nuestro presente. Pero nuestro pasado habría podido determinar otros presentes, estoy convencido. Así como nuestro presente puede generar una variedad de futuros.

Si tienes tiempo y gusto para hacerlo, puedes proseguir tu lectura ahora, despegar tus ojos del techo y permitir a tus dedos que pasen las páginas a tu ritmo y a tu velocidad, como una respiración amplia. Cuando tú inspiras, el universo espira. Cuando tú espiras, alrededor de ti el universo inspira.

Durante nuestra vida nos influyen, condicionan, amaestran y manipulan en primer lugar los mandatos, las órdenes de nuestros padres, y después los de la sociedad. A veces podemos oponernos y hacer lo contrario siendo rebeldes. Cuando de manera evidente hacemos exactamente lo opuesto, seguimos siendo manipulados. Es una reacción, no es un movimiento libre que procede de nuestro deseo personal.

Por ejemplo: tu padre te obligaba a estar siempre haciendo cosas, de modo que tú no haces, tú eres contemplativo. «No hay que hacer nada nunca, por nada del mundo; si no, haré exactamente lo que me pedía mi padre». ¿Dónde está la libertad ahí dentro? Como decía Alain Moenaert: «La madurez consiste en hacer lo que es bueno para ti, entre otras cosas lo que tus padres te decían que hicieras».

La más retorcida de las manipulaciones es ser manipulado por lo que no se dice. Mi hermano y yo pudimos oponernos, cada uno a nuestra manera, a las exigencias paternas. Pero yo he observado que, a pesar de eso, los hijos adoptan, imitan y practican siempre algunos comportamientos parentales, incluso aunque los padres fueran abyectos y ellos los rechazaran.

Mi padre nunca estaba los domingos ni los días festivos. Se marchaba a tocar música con sus compañeros y compañeras. Ya os lo he dicho, fue un adolescente toda su vida, sin pensar en otra cosa que en su placer. Nunca nos pidió a mi hermano ni a mí que no estuviéramos en familia el fin de semana. No obstante, eso fue lo que hicimos, mi hermano y yo, por razones diferentes. Al ser formador de adultos y no disponiendo más que de los fines de semana y los días festivos para convocar mis cursos, desde hace treinta años trabajo la mayoría de los fines de semana, como mi padre. Mi hermano, creador de joyas, vende en salones que se celebran exclusivamente los fines de semana y durante las vacaciones. Así, tanto uno como el otro hemos estado ausentes para nuestros hijos en esos momentos familiares de compartir los fines de semana.

Yo fui concebido debido a un error de cálculo, de fecha. De modo que para mí equivocarse es positivo; de no ser por el error, yo no existiría. ¿Y tú? ¿Se conocieron tus padres gracias a una mentira? Así la mentira es positiva, de no ser por ella tú no existirías. ¿O de qué otro problema naciste tú?

Buscando un padre, encontré maestros

Después de tantos encuentros que me han conmocionado y de compartir experiencias tan diferentes, dejo de creer en la monoterapia, es decir, en una terapia única capaz de explicarlo todo y tratarlo todo. Por otro lado, observo que los monoterapeutas son una raza en vías de extinción; ya casi no existen los que hacen solamente hipnosis, o únicamente homeopatía, o nada más que psicogenealogía. La pluriterapia se impone por sí misma. Frente al paciente, el terapeuta pasa de una escucha de la historia familiar (terapia transgeneracional) a unos protocolos de PNL. O incluso el terapeuta alternará sesión de hipnosis ericksoniana y constelación familiar, pasando incluso de sesión individual a terapia de grupo. El osteópata prosigue su tratamiento recomendando algunas flores de Bach o algún otro remedio homeopático.

El paciente viene a buscar una comprensión y una solución a su síntoma; el terapeuta le interroga sobre su alimentación, la corrige suprimiendo gluten y lactosa y todo se sana. El paciente siguiente está aquejado del mismo síntoma, pero el cambio alimentario –no obstante idéntico– no le aporta nada en absoluto; en cambio, el estudio de sus antepasados pone en evidencia la fidelidad a una abuela que tuvo esa enfermedad. El paciente sanará a resultas de esa toma de conciencia.

Lo que no explique un enfoque lo hará otro.

Y, por lo demás, como pacientes cada vez buscamos más, por diferentes vías, comprender y sanar lo que ocurre en nosotros.

Astrología, numerología, transgeneracional, vidas anteriores, estado de tus meridianos en medicina china, ayurveda, alopatía, alimentación, posición de tu cama, relación con tus padres, conflictos biológicos, ciclos biológicos memorizados, posición de víctima, en referencia externa toda tu vida, sin modelo y sin estrategia... Otras tantas explicaciones que inducen correcciones y terapéuticas muy diferentes.

Varios modelos explicativos cubrirán una superficie más grande de situaciones y sabrán ayudar a un número mayor de pacientes.

¡Y esto no es todo! Si no te interesa, o no funciona, el comprender mediante cualquier teoría el sentido de tus dolencias, sumérgete en la delicia de las metáforas terapéuticas. Gianni Fortunato es el primero que me hace descubrir que todo es metáfora, tanto los problemas como las soluciones, que la terapia puede ser lúdica, divertida, sin dejar de ser eficaz, que las metáforas esquivan las resistencias, ¡que no es indispensable conocer de dónde viene el problema para ser eficaz! Que el terapeuta debe muscular su hemisferio derecho para descubrir una nueva manera de encontrarse con el paciente y con su demanda, otro ángulo de percepción. Gianni me abre la vía a la invención de metáforas terapéuticas, me da permiso de ser un artista en la terapia.

Por todas estas razones, se decidió dentro de mí acumular los enfoques. Paso:

- de una escucha PNL (escucha, descubrimiento y sincronización con el paciente, con su estructura),
- a una escucha biológica (sentido positivo de su demanda),
- después me dirijo hacia los proyectos-sentido, ciclos biológicos, secretos de los antepasados (conflicto programante),
- gracias a la PNL (línea de tiempo, regresión),
- y trato en la raíz el síntoma, mediante hipnosis, PNL y protocolos específicos de la descodificación.

Durante años, voy de formación en formación, estudio, verifico, pongo en práctica, completo con mis experiencias y creo protocolos nuevos. Después, rápidamente, fabrico y propongo un curso con el fin de transmitir lo que yo he verificado, si es necesario y útil para el cambio.

Aprender – verificar – seleccionar – añadir – transmitir.

Lo único constante es el cambio

Con una de sus frases, Buda viene a perturbar mi adolescencia dormida: «Lo único que es constante es el cambio».

Aún recuerdo el lugar y el momento de la lectura de esta frase de sabiduría explosiva. No, no explosiva, sino implosiva; eso es, ¡implosiono! El mundo ya nunca más volverá a ser el mismo. Todo vacila. Se viene abajo. Nada es estable. Nada permanece. Da comienzo un colosal trabajo de duelo. ¿Cómo implicarse en lo que sea, ya que eso desaparecerá? Los paisajes conocidos, los amigos, las actividades, mis pasiones, ¿qué habrá sido de ellos mañana? Pero ¿dónde están las nieves de antaño?

Ciertamente, todo cambia, pero ¿para evolucionar de qué manera? Ésa pasa a ser la pregunta adecuada. ¿El cuerpo cambia hacia más enfermedades o más salud? ¿Nuestro día a día evoluciona hacia más o menos satisfacción? Esta relación amorosa ¿va creciendo o decreciendo?

¿Qué hacer para orientar esto?

Y, por otro lado, ¿debemos hacer algo para su buena evolución?

Y ¿qué quiere decir «buena evolución»?

¿Quién puede saberlo?

En efecto, el cerebro de aquel que busca una solución a su problema es el mismo cerebro que ha desencadenado el problema, con toda evidencia. Entonces, ¿cómo podemos concebir un objetivo sano desde el mismo interior del problema? Se tratará forzosamente de un anhelo en relación con el problema (queriendo alejarse de él, por ejemplo, buscando lo opuesto…). Así, todos nuestros objetivos serían objetivos neuróticos, patológicos.

Hay, no obstante, en lo más profundo de nosotros, como un sexto o séptimo sentido, no sé. Otro sentido, en todo caso: ¡*el sentido común!* Por otro lado, al contacto de ciertos individuos, girando en la órbita de su originalidad, aparece algo inédito en el campo de nuestra consciencia. Ésa es precisamente mi experiencia ante aquéllos con los que me he ido encontrando.

Así, me convierto en alumno del cambio, y después en artesano del cambio al hacerme terapeuta. ¡Cambiar el destino de los demás parece ser el mío! ¿Acaso no escribe Jung: «Todo lo que no regresa a la conciencia regresa en forma de destino»?… Problemas, enfermedades.

Ciertamente, todo cambia, pero ciertas experiencias se muestran más estables que otras. Es el caso de todos nuestros secretos, de todo lo que está reprimido en nuestro inconsciente. Esos momentos de la historia personal, familiar o de nuestras vidas anteriores perduran; se resisten a cualquier transformación que les permitiera adaptarse al momento presente. Nuestra abuela murió de hambre, nosotros tenemos una compulsión bulímica. Nuestra madre quiso abortar, esa idea le pasó por dentro, después ella rectificó, y nosotros estamos vivos, pero obsesionados por el miedo a morir desde hace veinte, treinta o cuarenta años. Mis ancestros eran esclavos en esta isla, yo no soporto trabajar. Y podría dar miríadas de ejemplos, al menos una decena por habitante del planeta. Marcel murió, yo tengo que salvarlo. Mi padre tuvo fracaso escolar, yo tengo que dar clase. Mi madre estuvo enferma, yo tengo que cuidar. No quieren que yo esté, tengo que gustar...

Sí, todo cambia, y la historia inconsciente se ha quedado congelada en nosotros, y eso a lo que llamamos la realidad es la ilusión más estable de todas.

Los tres artesanos del cambio: artistas, místicos y terapeutas se encuentran en el corazón del volcán, en la sombra más oscura de la tierra que hay alrededor del germen que se va engrosando, en el instante de mutación de una antigua creencia, esclarecidos, iluminados, instruidos por el dibujo instantáneo que forma el drapeado de esas largas nubes coloreadas sobre fondo de Luna.

El artista es un transformador de emociones, «antevisionario y clarisintiente» de soportes por nacer: es su lenguaje el que crea el cambio.

El terapeuta es un jardinero. Crea buenas condiciones para la floración y para la fructificación de la naturaleza humana herida. Facilita el cambio.

El místico hace el duelo de poseer y de ser alguien. Es verbo y no objeto, pues está en perpetuo movimiento. Conciencia original en la que aparece el universo que es cambio.

Los secretos de la vida

Pero creo que lo que me fascina más allá de todo, a riesgo de parecer excesivo, superlativo, histérico, es el descubrimiento de los «secretos de la vida».

Por supuesto, la Tierra giraba alrededor del Sol antes de que Copérnico y Galileo lo constatasen. El nacimiento de los microbios no se produjo bajo el soberbio ojo de Semmelweis (a pesar del entorno médico *séptico*).[35] Cristóbal Colón no creó América. El inconsciente no esperó a Freud para existir. Los ciclos biológicos memorizados existían antes de que los descubriera Marc Fréchet. Los conflictos biológicos ya

---

35. Infectado, contaminante.

están presentes en el hombre prehistórico, no desde Hamer. El hombre desde que es hombre utiliza predicados biológicos: ve a Dios, le escucha o se lo come. Pero ¿quién percibe la biología en el lenguaje? ¿Y cualquier otro descubrimiento antes que todo el mundo?

¿Quién está en la punta del mástil, en la cofa grande, y grita: «¡Tierra! ¡Felicidad, júbilo, todo va bien!» antes que todo el mundo?

La invención del microscopio abre la consciencia de la humanidad a una realidad tan sumamente presente como ella misma y que le es anterior: los gérmenes. La mayoría de nosotros necesitamos una herramienta exterior para ver, para oír y descubrir (microscopio, estetoscopio, telescopio…). Otros tienen la herramienta en sí mismos: genios, visionarios y pioneros. No tienen miedo de cambiar de creencias, de paradigma, eso es lo que los caracteriza. Una potente seguridad interior les permite vivir como exploradores de la mente, ver lo que ningún otro puede ver por miedo a perder su seguridad mental, filosófica, religiosa o emocional. «Metamos a Copérnico en la cárcel, y a Van Gogh y a Artaud en el manicomio antes de erigirlos en héroes y en modelos a seguir».

Siempre ha habido descubridores, utilizando su sagacidad y sus sentidos más allá de lo que nosotros somos capaces de concebir. Habrá en el futuro otros descubridores que accederán a lo que está presente hoy y que nosotros no sabemos ver, ni siquiera planteárnoslo.

Un día, un científico da testimonio de su trabajo de investigador. Desde hace veinte años ha venido filmando cada uno de sus experimentos. Con el tiempo, ha descubierto mecanismos químicos nuevos. Qué es lo que ha permitido que eso ocurra es la pregunta importante. En efecto, cuando vuelve a estudiar las primerísimas filmaciones de su carrera, ¡con qué sorpresa toma conciencia de que lo que ha descubierto recientemente estaba ya bajo sus ojos hacía veinte años, pero él entonces no tenía el entendimiento, la lucidez, la disponibilidad ni las capacidades para verlo!

«Si las puertas de la percepción estuvieran limpias,
cada cosa se le mostraría al hombre tal
como es: infinita. Porque el hombre
se ha cerrado sobre sí mismo

hasta considerar toda cosa a través de
las angostas grietas de su caverna».
William Blake

Esos grandes hombres tales como Marc Fréchet, Erickson, Hamer o también Hellinger y Jodorowsky, han descubierto aspectos diferentes de la realidad. A no ser que se trate de varias realidades. Paralelas.

En efecto, ¿qué cosas comunes hay entre la visión freudiana y la visión católica del centro del hombre? ¿Entre la educación de un niño musulmán, de un hijo de budistas o de comunistas? ¿Entre el pensamiento de un astrólogo y el de un psicólogo? ¿Entre la lógica de los ciclos biológicos memorizados y la de las necesidades biológicas? Nada. ¿Entre el terapeuta que propone actos psicomágicos y el que propone las constelaciones familiares? ¿Entre la comprensión de la enfermedad que tienen un alópata, un homeópata y un acupuntor? Son percepciones de la vida, del ser humano y del universo tan diferentes…

¿Cómo reaccionar, qué creer cuando estos aspectos parecen incompatibles entre sí?

¿Cómo conciliar la creencia en extraterrestres con la cosmogonía protestante, la presencia de los arcángeles y la de los elfos, de las vidas anteriores y de la ausencia de identidad personal?

Así, en el marco de la terapia, yo lo considero todo como una metáfora. La cuestión no es saber si lo que el paciente cree y relata es verdad, sino más bien ¡preguntarse si eso le permite alcanzar su objetivo!

El paciente está metido dentro de una metáfora a la que toma por realidad, sueña. Va errante por su universo simbólico, ha tomado LSD de larga duración sin saberlo.

Está la verdad histórica y la verdad emocional. La que a mí me interesa es la verdad emocional; emociones que el paciente asocia a imágenes a las que toma por su realidad pasada, pero que no forzosamente lo es.

Por consiguiente, me da lo mismo si me habla de extraterrestres verdes, de serafines con alas que hacen remolinos o de Julio César. Yo me intereso más por: «¿Qué sientes tú en su presencia? ¿Qué necesitas? ¿Tus creencias sobre ti mismo en ese instante son…?».

He aquí una ilustración de esto. La señora X, 30 años, se siente mal consigo misma. Con una línea de tiempo, retrocedemos hasta la edad de sus 8 años. Un recuerdo se impone a ella: «Mamá está enfadada conmigo. Me echa fuera y me hace dormir… en la caseta del perro; a partir de ese día, ya nunca más podré pasar la noche en la casa». Algún tiempo más tarde, viene a verme su madre, furiosa.

—¿Por qué le cuenta usted tonterías a mi hija? ¡Nunca durmió en la caseta del perro!

—Señora, ¿qué ocurrió cuando ella tenía 8 años? –Se calla y baja los ojos. Luego me contesta:

—… Decidí dejar de quererla.

Me explica las razones. Sea como fuere, su hija sintió eso y lo traspuso en una metáfora que toma por la realidad, al igual que las imágenes de los sueños.

Los seminarios que cursé como estudiante me mostraron el camino hacia mi oficio. Pero la que me forma es la práctica con las pacientes y los pacientes. De verdad.

Decido dejar de asistir a nuevos cursos, a pesar de los folletos seductores y prometedores de tantas y tantas formaciones. Es fácil no dejar nunca de aprender… muchas teorías que no utilizaremos jamás. Yo prefiero procurarme experiencia junto a pacientes. Escucho, practico, aprendo. Pongo en orden los seminarios cursados, gracias a mi máquina de escribir, y después con mi primer ordenador.

Luego doy clase. Es ésta una experiencia formidable. Descubro la PNL realmente, la integro por primera vez cuando la enseño. El mismo fenómeno se produce cuando me encargo de enseñar metáfora, creencia, doble coerción. Cuando me hago profesor, lo que he aprendido pasa a otro lugar. Si comparo mi cerebro con una casa, cuando soy estudiante más o menos pasivo, receptivo, las informaciones entran en una habitación que acoge y almacena. Cuando doy clase, las informaciones van a otro lugar en el que todo se vuelve activo, simple y luminoso.

Si quieres comprender algo, ¡enséñalo!

El consultorio, con cuarenta consultas por semana, se convierte en un lugar de validación de aquello que me han hecho creer. Es un lugar privilegiado. El privilegio de acceder a la confidencia de varios cientos de individuos. Ciertamente no se trata —mucho dista— de la totalidad de la humanidad. No obstante, sí se trata, creo, de un acceso a los íntimos secretos, a los engranajes de lo vivo. El ser humano no es tan original. Son las mismas creencias las que se repiten de una persona a otra, las mismas ilusiones: «Desearía tanto que mi marido me comprendiera»; «¿Cómo ser feliz cuando veo todos esos problemas en mi familia?»; «Todo tiene que ser impecable, evidentemente»; «¡El placer es lo que todo el mundo busca!»; «Yo no hago nada para mí, no soy un egoísta, el otro antes que nada…».

Se producen entonces dos fenómenos:

- constato que una parte de lo que me han enseñado es errónea, aproximada o totalmente falsa;
- descubro, por primera vez, estructuras repetitivas en los pacientes, especialmente en los años 2000 (que se convertirán en los conceptos de *goma y tintero, portal, candado y predicados orgánicos*).

Nuevo rumbo hacia mis convicciones

Me voy dando cuenta progresivamente de las lagunas que hay en el enfoque de Hamer. Por supuesto, habría preferido no escribir lo que sigue. Tengo consciencia de que, al hacerlo, doy autorización a quien lo desee para hacer lo mismo en lo que a mí respecta, poner en tela de juicio mis conclusiones y mis hipótesis de trabajo. Y está muy bien así.

Al principio del todo, quedé deslumbrado por el genio innovador del doctor Hamer. Él descubrió la parte que faltaba, la que yo llevaba tantos años buscando, primero durante mis estudios y después en los hospitales: ¿por qué todos caemos enfermos un día y no gozamos de buena salud? ¿Cómo ayudar de verdad a los pacientes? Quiero decir realmente, eficazmente, lo cual no interesaba a mucha gente en esos espacios de cuidados médicos. Yo me confrontaba con la negación del alma humana, de la sensibilidad y de la vida interior del enfermo; tan sólo veía acompañamientos superficiales, materiales, químicos.

Con el doctor Hamer, es todo lo contrario: ¡la salud del otro le interesa y puede ayudar en profundidad! Yo soy enfermero y, con mis pacientes a domicilio, exploro esos estupendos códigos biológicos que él pone de relieve:

- enfermedad de la epidermis: conflicto de separación;
- enfermedad de huesos: desvalorización;
- enfermedad de la tiroides: relación con el tiempo.

Y constato que funciona. ¡El universo es biológico!

Pero es necesario constatar el batiburrillo mental de este hombre. Sus obras me dan calor y frío. Calor por los hallazgos, la coherencia, las conexiones, el buen tino. La novedad. Frío por la falta de organización y de estructura. De verificaciones objetivas, serias. De soluciones.

*   *   *

Cuando mis tres criaturas están acostadas y su madre en la cama, la calma nocturna me es propicia para la escritura. Estoy preparado para esto por años de vida estudiantil. Ya me pasaba la parte sombreada y lunar de mi vida escribiendo cuentos y poesías, novelas también.

Con entusiasmo, devoro todos los trabajos de Hamer, las reseñas de sus seminarios. Tijeras y clips en mano, recorto, clasifico y comprendo. Es el despertar biológico. ¿De qué se trata?

El «despertar» es una palabra utilizada en los medios místicos para designar una experiencia de conciencia radical, de percepción espiritual como, por ejemplo: «Todo es atinado, todo es perfecto, todo es Dios, no hay ni separación ni oposición». Es un despertar que yo califico de místico, espiritual o metafísico. Creo que hay asimismo otras categorías de despertar. Es una opinión. He tenido la suerte de cruzarme con algunos músicos de talento y, escuchándolos, percibir su despertar musical, como Christian Vander y luego después Franck Royon Le Mée, un artista prodigiosamente increíble. Pone su magnetófono un día de gran viento en el vestíbulo de un edificio que está pegando a una carretera nacional por la que circulan enormes vehículos pesados. El lugar tiene una acústica muy particular y un ritmo camionesco que él es único en percibir. Otro día, con su macillo por las calles de Marsella, va percutiendo en todos los postes que se encuentra en su camino, en busca de aquel que suene afinado. Eso es lo que yo llamo el despertar musical o el despertar de la conciencia a la musicalidad, a la armonía del mundo.

Siguiendo el rastro a la lógica del doctor Hamer, en cierto modo aparece en mí un despertar biológico o más bien un filtro, una rejilla, una lectura, una comprensión de que todas las cosas que hay sobre la tierra son biológicas. Todavía recuerdo cuando nos dijo que, para él, las reglas menstruales uterinas son patológicas, que no existen en la naturaleza. A toda hembra mamífera que ovula se le acerca inmediatamente un macho y la fecunda. Los perros y las leonas orinan alrededor de su territorio para marcar los límites, y es ese sentido el que crea la mayor parte de las cistitis en las mujeres y los hombres que se sienten invadidos en sus referentes.

He aquí una sabrosa anécdota: estoy en Lyon en compañía de Georges. Regenta un restaurante, un *bouchon*[36] con pocas mesas, que quiere que sea familiar, cálido. Me cuenta:

—Hace unas cuantas tardes, llegan cuatro mujeres. Las acomodo.

Conozco a Georges y sé que «acomodarlas» significa más que eso. Su manera de ser desborda en su oficio. Transpira esa alegría que se vuelve comunicativa, la felicidad de ser, simplemente. En este hombre no hay sitio para la rutina, el automatismo, lo banal. Y, continúa:

—Observo que una de las cuatro señoras no toca su plato, mientras que las otras tres lo disfrutan con fruición. Me acerco secretamente a ella, con una cuchara en la mano, que sumerjo en su plato. Y ahí estoy con mi cucharada corriendo por el restaurante haciendo ruidos de avión, ya sabes, como hace una mamá con su hijo que no quiere comer, para distraerlo. Rápidamente, todo el mundo se está riendo a carcajadas. Buen ambiente. Los clientes se divierten y la clienta lo mismo; tiene la boca abierta de par en par. Aprovecho para meterle mi cuchara con la comida. Así, poquito a poco, todo el plato acaba en su boca. La historia podría detenerse ahí, pero no es el caso.

»Una semana más tarde, estoy preparando las mesas cuando llegan dos mujeres antes de la hora de las comidas. Las reconozco inmediata-

36. Nombre que reciben ciertos restaurantes típicos de Lyon. *(N. de la T.)*

mente: una era la mujer que vació el plato de manera poco convencional y la otra una de sus amigas. Tienen un aspecto grave y temo haber hecho alguna tontería. Interrumpo mi actividad. Se dirigen derechas hacia mí y me anuncian que tienen algo importante que decirme. Nos sentamos.

»—Pues verá –me dice la amiga de la mujer en cuestión–. Vinimos hace unos días a su restaurante y ocurrió una cosa importantísima: mi amiga aquí presente era anoréxica desde hacía muchísimo tiempo. A pesar de las múltiples terapias, para su desgracia, no se producía variación alguna. Y desde aquella extraordinaria velada, come.

»—Sí –completa la interesada–, e incluso siento placer en comer, impaciencia. Lo encuentro tan agradable, y además normal, después de todo. Ya no tengo la impresión de ser la misma.

Apenas termina Georges de contarme su historia, descodifico. Por otro lado, lo he ido haciendo al escucharle.

—Has hecho un protocolo sin saberlo, un protocolo terapéutico. Has tratado el conflicto de la anorexia en la raíz y en su estructura, sin necesitar, por otro lado, conocer su historia, porque estabas en su estructura, transformándola.

Me pide que precise mi pensamiento.

—¿Qué es lo que hiciste tú con tu cuchara llena de comida? Corriendo por tu restaurante con ruidos de avión, en unos segundos provocaste una regresión. Inmediatamente la propulsaste a ella a su pasado, sin que ella lo supiera conscientemente, pero yo pienso que ella lo vivió así: un retorno a la infancia, la edad en la que se crean la mayoría de nuestros dramas, de nuestros conflictos. Una vez que ella se encuentra en su infancia, tú traes alegría, a través de la risa, de la alegría de los demás, del entorno, de la familia, quizá de hermanos y hermanas, parientes en cualquier caso. Todo el mundo ríe. Comer se vuelve sinónimo de humor, de placer, de relajación en un contexto social. Todo el mundo está junto, unido por la risa. Y tú llevas sin violencia un alimento a su lengua, en un ambiente agradable en el que no hay ninguna coerción, ninguna presión, ninguna obligación. Todo es juego. Así, transformando sus creencias, transformando la experiencia de alimentarse, la emoción que estaba ligada a la comida cambia radicalmente. La curaste.

Queda totalmente interesado por mi explicación, mi hipótesis. La sanación se ha hecho de manera natural, sin consciencia –ni falta que hacía–, sin dejar de ser eficaz. Como dice mi amigo Jean-Jacques Lagardet: «También podemos sanar por toma *de inconsciencia*».

Estoy convencido de que, sin saberlo, todos hemos sanado de enfermedades y ayudado a otros a sanar, y hemos impedido la aparición de enfermedades. Ayudamos a sanar sin querer, sin saberlo y sin tener la intención de hacerlo. El proceso de sanación es un proceso natural, cotidiano, involuntario e inconsciente. El cuerpo está programado así: tanto si tenemos una llaga como una fractura, ¡él siempre se reparará, y sin ayuda exterior! Esto se hace solo, al igual que ese árbol al que se le ha arrancado una rama y cicatriza su corteza, al igual que la herida en el lomo del león que, igualmente, se cicatrizará con el tiempo. Incluso el duelo se hará; la tristeza acabará por desaparecer. La sanación se hace porque está incluida en el principio mismo de la vida. Tenemos en nuestro cuerpo células programadas para ello. En la naturaleza, en los vegetales, encontramos remedios. Así Dios, la naturaleza, la vida, da lo mismo cómo lo llames tú, ha puesto alimentos a nuestro alrededor, en las plantas. Una sobreabundancia de frutos, no para la planta o para que se perpetúe ella mediante semillas, sino para los demás. La naturaleza hace más que dar alimentos por sobreabundancia: prodiga cuidados.

Ha incluido el concepto de remedios en las hojas, las raíces, las flores… ¿Por qué? ¿Para qué esos anticoagulantes, esos antibióticos, esos anticancerígenos, esos antisépticos que, por otro lado, utilizan ciertos animales, como los monos o los osos, quemando ciertas plantas para consumir su carbón y así tratar sus lombrices intestinales? Hay animales que saben hacer eso. Tienen ese conocimiento. Otros monos pequeños de la Amazonia, hembras, consumen tal hoja que es un anticonceptivo, a resultas de lo cual la sexualidad ya no será para procrear sino por el placer.

La sanación está prevista, y el terapeuta, el médico, permiten la aceleración de este fenómeno natural. En lugar de que el problema se extienda durante meses o años y pase de generación en generación, de vida en vida, el chamán, la hechicera de antaño o el herborista acortan mediante plantas ese tiempo de sanación.

¿Por qué la naturaleza, en múltiples formas, contiene y produce sustancias alucinógenas? ¿Por casualidad y sin ninguna intención? ¿Estás seguro?

Todo es descodificable, en efecto, como la vida de Ray Charles, puesta en imágenes de manera muy acertada, porque el propio Ray participó en la creación de la película que retrata su vida. De ello podemos deducir que lo que sale en la pantalla es histórico. ¿Qué podemos descodificar gracias a esta película?

Nos enteramos de que Ray Charles no es ciego de nacimiento. Su ceguera aparece unos meses después de la muerte ante sus ojos de su hermano George. Ray es el mayor y ambos están en el exterior de la casa. George insiste buscando diversión y Ray se niega, no le apetece. George atrae su atención. Está de pie, cerca de un inmenso barreño de agua hirviendo. En efecto, la madre, lavandera, lava la ropa en esos barreños. Ray se resiste a las súplicas del hermano pequeño: «Anda, por favor, ven a jugar conmigo». Y, de irritación, con un gesto torpe, George se cae al gran barreño, se agita un instante y muere inmediatamente, escaldado. Ray lo ve de lejos, impotente. Llega su madre, pregunta: «¿Qué pasa?» y ve a su hijo ahogado. Se precipita sobre él, queriendo reanimarlo, demasiado tarde. Visión insoportable para el niño. ¿La solución?: perder la vista para no ver más esa escena que le produce culpa. «¡Es culpa mía! Si hubiera estado más cerca de él y del barreño, y jugando, ¡estaría vivo!» Y el niño produce un glaucoma, un exceso de humor vítreo en el ojo, lo cual aumenta la presión intraocular, cuyo sentido biológico es acercar lo que estamos viendo, como lo haría una lupa. Si vacías el ojo de un buey, por ejemplo, y pones el humor vítreo encima de una hoja de periódico, verás las letras más grandes bajo el humor vítreo, que es un líquido gelatinoso.

La canción que no escribió él y que es seguramente la más asociada a su nombre, la más famosa, se llama *Georgia on my mind*. Y si escuchas bien su manera de cantarla, no dice directamente Georgia, se come el final del nombre, que así se convierte en «George on my mind». Incluso añade una frase al inicio de su interpretación *«No peace I find»*: «No consigo encontrar la paz». Está permanentemente con su hermano. Le llama a través de esta canción. Le habla y así le hace presente, vivo. El duelo no está hecho.

¿En qué estado de Estados Unidos se negó Ray Charles a cantar? En Georgia. Una vez más, una alusión a su hermano. Casualidad, me diréis. No creo. Todo está conectado por el principio de sincronicidad. Años más tarde, Georgia, ese estado otrora racista, pedirá perdón a Ray. Ray Charles es invitado con todos los honores a la asamblea general de Georgia, y su canción *Georgia on my mind* se convierte en el himno de ese estado.

Años antes de la creación de la película, un periodista, durante su conversación con Ray Charles, asocia su ceguera y la muerte del hermano. Eso provoca ira en el artista, que se defiende y llama a ese periodista reductor de cabezas. Más tarde, participa en la creación de la película y ahí ya no se permite la duda, llegó a esa misma conclusión. En una de las escenas de la película, decide seguir una cura de desintoxicación en un centro especializado y sueña. Sueña que ha recuperado la vista. Tiene los ojos abiertos y ve el paisaje de su infancia mientras sigue siendo adulto. Y de la casa familiar sale su hermano pequeño, a la edad que tenía al morir, así como su madre, los dos dicen una frase muy sencilla: «No es culpa tuya... Tú no tienes nada que ver... Tú no eres culpable». Y Ray llora. Recuperar la vista está ligado al perdón, o más bien a la conciencia de que yo no tuve nada que ver.

Ray Charles murió durante el rodaje de la película. ¿Comprendió finalmente? ¿Solucionó su pasado? ¿Se sosegó totalmente y se marchó a reunirse con los suyos, con el alma serena? Así todo es descodificable, siempre y cuando uno tenga esa curiosidad.

Observo una carencia en la asociación que impulsa las ideas del doctor Hamer, incluso aunque esta asociación hace su trabajo con mucho don de sí misma y aunque sus representantes son de calidad.

La mayoría de los estudiantes no conocen nada de la anatomía, al no ser médicos ni proceder del ámbito sanitario. Hace dos años que yo quiero dar clase de algo. Me arrojo a ese vacío que percibo aquí en Chambéry, proponiéndole a la señora Gros ir a enseñar anatomía y fisiología, el estudio de las enfermedades, ante los estudiantes. Así, durante dos fines de semana seguidos, me convierto en joven profesor. El doctor Hamer se entera y se ofende. Cree, según me cuentan, que yo quiero tomar el poder en su centro, como si yo estuviera compitiendo con él. Me quedo sobrecogido de extrañeza.

De manera más grave, observo incoherencias, inexactitudes, falta de espíritu científico, falta de conciencia terapéutica. Por supuesto, yo, como hace el cisne cuando le arrojan pan a la superficie del barro, filtro para alimentarme con lo mejor. De principio a fin, conservaré dentro de mí esta gratitud para con ese hombre, sin por ello dejar de ser capaz de distinguir al descubridor de los descubrimientos. El hombre es genial, sus descubrimientos son múltiples: de fabulosos a erróneos, pasando por errores peligrosos.

El doctor Thomas-Lamotte, neurólogo, ha verificado lo que afirma Hamer: se pueden ver los conflictos en un escáner del cerebro. Cada zona corresponde a un órgano y a una emoción. Y al mismo tiempo, este neurólogo alerta sobre los excesos del doctor Hamer. A veces, lo que Hamer denomina un relé cerebral en conflicto, a partir de una imagen en forma de diana que aparece en el cerebro, no es más que un error de calibración de la máquina de escanear.

¡Qué sorpresa el ver en 1994 mi foto en la pág. 117 del libro del doctor Hamer: *Habilitationsverfahren!*[37] En la página siguiente, encuentro las imágenes del escáner de mi cerebro, imágenes que yo le había confiado a él en nuestro primer encuentro en 1991. Entonces, ¿quién tiene razón? ¿El doctor Hamer o el doctor Thomas-Lamotte? En el escáner se ven efectivamente imágenes supuestamente de conflicto en forma de diana. ¿Es un error de calibración del aparato? El texto que acompaña la foto desgraciadamente confirmará todas las dudas. He aquí el texto del libro con, entre paréntesis, mis observaciones en cursiva:

«La mujer de este paciente, en un ataque de rabia, le había arrojado su alianza a los pies tras una trifulca *(esto es verdad)*.

»Él contaba: "yo me encontraba en ese momento de pie como clavado al suelo y ya no me podía mover" *(es posible que yo dijera eso, ya no lo recuerdo)*.

»Después de lo cual, la mujer salió de la habitación *(falso, no salió)*.

»El paciente presentó entonces una parálisis de los miembros superiores e inferiores izquierdos, tanto motriz como sensitiva, con pérdida asimismo de la sensibilidad del periostio. *(Todo esto es íntegramente*

---

37. *Réhabilitation,* ASAC Éditions.

falso: nunca tuve el mínimo síntoma. ¿Qué sería, por otro lado, una parálisis sensitiva? Recuerdo que me hizo esa pregunta, y mi respuesta. Recuerdo que me pidió que me inclinara hacia un lado para sacarme una foto. Esta posición puede dar la impresión de que tengo parálisis en la pierna, cosa que nunca fue el caso).

»Se trataba de un conflicto de no saber avanzar ni retroceder con separación brutal *(no estoy convencido de que mi resentir fuera ése).*

»La fase de sanación se presentó una semana más tarde gracias al regreso de su mujer *(totalmente falso, dado que ella nunca se fue)*».

Evidentemente, después de esta lectura pongo en tela de juicio los demás casos presentados por el doctor Hamer en su libro y durante los seminarios. Ciertamente, no hay que tirar al bebé junto con el agua del baño. Parecería que peca por exceso, queriendo seguramente convencer. Yo continúo asistiendo a sus seminarios; de ahí en adelante, con espíritu crítico. Tengo que verificar todo lo que afirma. Se trata para mí de hipótesis que habrá que confrontar con cada paciente.

Descodificación biológica evolutiva

Tras el período del «tan solo» de mi infancia, de apertura al arte todo a lo largo de mi adolescencia, de la búsqueda de sentido y de las prácticas religiosas del adulto joven, del querer comprender y sanar la enfermedad de mi madre allá por mis 30 años, y de la fruición de recorrer un nuevo continente interior con ocasión de mis numerosas formaciones (Rogers, Hamer, PNL…), comienza en el año 2000 un período de intensa creatividad.

Todo arranca por una insatisfacción, una frustración. Si tú no haces preguntas, nunca oirás respuesta. Si estás satisfecho, o tienes la impresión de estarlo, nada cambiará en tu vida.

Gracias a lo cual brinca el motor de la curiosidad. Vivir con todos los sentidos fuera por los caminos inexplorados de la audacia. Echar a andar apenas amanece, con el corazón por delante, a través de las páginas no escritas del destino. Ilusionado, rechazando cualquier marco. Ese oro no soporta estar dentro de ningún joyero. El oro de la aventura. Aurora.

Una lectura, una toma de conciencia, un intercambio de ideas con un amigo, la escucha de una nueva paciente en terapia, de un profesor durante un seminario, joyeles inestimables, ofrecen un nuevo tinte a mi paleta, un arpegio inédito, un sabor exquisito. Esto completa con una pieza el puzle de mi conciencia y despliega en algún sitio el cosquilleo de un maravillarse interior. A veces una pregunta durante una conferencia provoca una respuesta inédita y me permite contemplar una novedad al mismo tiempo que el auditorio.

Durante cada consulta, escribo alternativamente en dos hojas: una para el seguimiento del paciente, la otra para todo lo nuevo que aprendo y que utilizaré más tarde, en seminarios o en mis libros. Invento, escuchando la problemática de un paciente, una historia que podrá serles útil a otros. Me nace un protocolo para ayudar a tal persona; podrá ayudar a otras. Escuchando la historia de esta persona, me viene a la mente una nueva descodificación, un concepto. La próxima etapa es verificar con los pacientes la idea nueva, el código, el protocolo, la historia. Gracias a lo cual ésta evoluciona, se transforma, a veces desaparece, en la mayoría de los casos se completa, se precisa. Permanezco atento al *feed-back,* a las observaciones, a lo que no pega, con el fin de hacer evolucionar la idea. La realidad siempre tiene razón, nunca se equivoca. Yo sí. Así pues, las secuencias de mi proceso se resumen así:

Curiosidad. Descubrir. Verificar. Transmitir. Cuestionarse. Curiosidad. Descubrir...

¿Un ejemplo? Está lloviendo. Esta paciente franquea la puerta de mi consulta mientras dice: «El revestimiento de la autopista de Aix-en-Provence es diferente del firme de la autopista que va a Marsella».

No sé qué contestar. Mi primera reacción es: pero ¿por qué me habla de eso?

Se hace la luz cuando me da la razón de su presencia: «Vengo por un eczema». Una sonrisa distiende mi rostro hasta el cabello. Sí: una enfermedad del tejido de revestimiento. Ella no estaba hablando de la autopista sino de ella, de su enfermedad. Y de su conflicto. Se siente separada de su hermana, que desapareció en otra ciudad.

Gracias a ella me viene por primera vez la idea de que el lenguaje es biológico.

Philippe Lévy, una segunda mirada
para llegar más lejos

Durante los años 2000 aparece en mi vida una persona muy importante: Philippe Lévy. Ya terapeuta, viene como alumno a los seminarios propuestos por la escuela. Reparo en la pertinencia y la profundidad de sus preguntas. Viene de Lyon, a veces para media jornada, con el fin de seguir las supervisiones que dirijo, y luego un día me propone que dirijamos juntos la integridad de mis seminarios. Me quedo extrañado, ¡qué idea tan curiosa! No le veo el interés en ese momento.

Poco a poco nos vamos conociendo, y su ética, su seriedad y su alegría me conmueven y me hacen aceptar su propuesta para un seminario. Y ahí, capto la pertinencia de su intuición: dirigir entre dos un taller es como una respiración. Cuando uno está frente al grupo, el otro se retira y observa al grupo con el fin de reorientar la continuación de la enseñanza. Al alumno le encanta tener varios profesores; gracias a esta variedad de estilos, no se cansa, podrá integrar más los aprendizajes. Solo, yo sé adónde quiero conducir a los estudiantes y cómo. Entre dos, el otro profesor lleva al grupo a espacios desconocidos adonde yo nunca habría ido. Y esto crea nuevas ideas que se convierten en nuevos protocolos. A veces es durante la comida, justo antes de entrar en la sala del seminario, donde nos viene, a Philippe y a mí, la idea de un protocolo nuevo. Uno da una idea, el otro la completa y luego, en un jubiloso ping-pong, aparece una forma práctica: visualización, diálogo, utilización de objetos... Media hora después, presentamos este protocolo recién hecho a los alumnos, con el fin de que vivan su experiencia.

Protocolo: interprétame tu sueño

Un día, mientras dirigía un taller, empiezo: «Ahora os vais a poner por parejas para hacer el ejercicio siguiente».

En realidad, no sé en absoluto lo que les voy a proponer. Estoy un poquito estresado y al mismo tiempo confiado. Las ideas surgen frente al grupo como cuando estoy enfrente de una hoja de papel.

«Definid quién es A y quién es B.

»A va a contar en todos sus detalles un sueño que le parezca importante e incomprensible. Por ejemplo: he soñado que era una rana y que tomaba el autobús atravesando vapores matinales, en medio de unos cocodrilos muy amables.

»B se toma el tiempo de escucharlo todo».

Me van viniendo las ideas sobre la marcha, digo una frase ignorando la siguiente, presentando este protocolo como si llevara mucho tiempo construido.

«B se apropia del sueño de A diciéndole: "he soñado que era una rana y que tomaba el autobús... (y cuenta toda la continuación), no comprendo el significado de mi sueño. ¿Me puedes ayudar?".

»A escucha su propio sueño como si fuera el de otra persona, y propone sentido: "La rana es un anfibio, puede vivir en dos universos, el consciente y el inconsciente. El autobús es un desplazamiento, movimiento. Quizá si te pones en movimiento, fuera del agua del inconsciente, te vas a poner en peligro, los cocodrilos se comen a las ranas. El sueño te dice que atravieses los vapores y no tengas miedo;[38] los cocodrilos son amables, te aman y te pueden ayudar".

»B toma notas. Después cada uno recupera su papel. B anuncia a A: "He ido a consultar con un especialista que interpreta los sueños, y mira lo que me dice: la rana, fíjate, es un anfibio, puede vivir y pasar de un universo al otro, el consciente, el inconsciente...".

»A escucha la interpretación que él mismo ha hecho de su propio sueño, expresada por otra persona. En ese momento es cuando comprende su sueño, ese mensaje que él solo no podía comprender».

---

38. Aparece un eco de los «vapores» mencionados al principio del sueño en un nuevo juego de palabras: «vapeurs» (vapores), y «peur» (miedo). *(N. de la T.)*

Philippe y yo dirigimos la integridad de los seminarios con mucha chispa, imprevistos centelleantes, delicias inéditas. Es el período de las codirecciones con otros profesores de calidad, tales como Salomon Sellam, Francesco Basile y Frank Olivier.

El 11 de marzo —yo estoy paseando por las callejas de París—, suena mi teléfono: la voz de una amiga me anuncia «Philippe acaba de morir». Hablé con él la víspera por teléfono, estaba tan feliz. No comprendo. No es posible. Esto no coincide con la realidad. Philippe no puede morir: es feliz, ha hecho un gran trabajo terapéutico sobre sí mismo, come de manera sana, hace deporte, tiene proyectos. Es un bioshock fulminante. Me siento desestructurado por dentro. Lo que me permitía vivir en interrelación con el mundo exterior ya no funciona. Frente a los tanques, sólo dispongo de una honda. Una canoa para atravesar el Atlántico. Una carretilla para clasificar el correo. Un yunque para dar de comer a una multitud. No es el mundo exterior lo que se desploma, es mi organización interna. Necesitaré tiempo para reestructurarme incluyendo esta realidad: Philippe ha muerto.

Un drama nos obliga a desestructurarnos y luego a reestructurarnos de otra manera.

* * *

Otra persona que llegará a ser importante atrae especialmente mi atención durante los seminarios. Él también plantea preguntas profundas, que dan testimonio del lugar en el que se encuentra, Jean-Guillaume Salles. Poco a poco se van trabando entre nosotros una amistad y el compartir cosas apasionantes. Tenemos un gusto común: el descubrimiento de nuevos resortes terapéuticos.

Decidimos dedicar tiempo juntos a crear un nuevo curso sobre la estructura de las creencias. En su maravillosa casa en medio de los abetos de los Alpes, recupero el mismo placer que tenía con Philippe en nuestra creatividad, y, cuando miro el calendario, estupefacción: estamos a 11 de marzo, día aniversario del fallecimiento de Philippe.

Con Jean-Guillaume, es otra forma de complicidad, la creatividad está estructurada, y después experimentamos alternativamente cada protocolo antes de proponerlo. De la misma manera, nos conducimos mutuamente por nuevos campos de conciencia. Él tiene la idea de trabajar con los arquetipos. Y creamos cursos nuevos tales como «De la norma a la consciencia».

Desde 1993, la escuela ha evolucionado en la forma y en el fondo. En origen no era más que una presentación en tres días, y después en seis, de los conceptos del doctor Hamer. Rápidamente, a esto le añadí protocolos, los contenidos de los seminarios que seguía yo, de los temas que descubría, y después la creatividad compartida entre amigos. Así fue como se creó un verdadero camino terapéutico. Los estudiantes trabajan sobre su historia conflictual a través de protocolos inicialmente simples y después cada vez más elaborados. Cada seminario es una etapa de profundización, como ocurre en la consulta del terapeuta. Descubren sus emociones antes de ir hacia sus creencias limitantes, resuelven después los secretos de los antepasados durante el curso de transgeneracional, y luego distinguen su identidad de los múltiples roles.

Se trata asimismo, para los futuros terapeutas, de un recorrido de aprendizaje que aborda todos los temas necesarios para la instalación de su excelencia. Un camino que conduce del parvulario a la universidad de la biodescodificación. En el momento de su entrada en el parvulario, el alumno descubre lo que quiere decir estar en relación *verdaderamente,* escuchar. El mundo de las emociones se abre a él, *profundamente.* ¿De dónde vienen? ¿Para qué sirven? ¿Cuál es su conexión con la biología, con las enfermedades? ¿Cómo trabajarlas, transformarlas? ¿Cuál es su importancia para alcanzar la sanación física?

¿Qué he aprendido?

La enfermedad no es un enemigo, es el lenguaje de un amigo que te quiere bien.

Toda enfermedad tiene como origen un conflicto biológico, es decir, un acontecimiento durante el cual una necesidad no queda satisfecha, y cuando una necesidad biológica no se satisface aparecen una sensación y una emoción, así como una creencia arbitraria. Las tres, instalándose en el cuerpo, hacen perdurar el pasado en el presente.

Ese acontecimiento dramático se llama el bioshock. Hay bioshock programantes, que crean en nosotros por primera vez una emoción específica. A resultas de lo cual pueden presentarse bioshock desencadenantes de enfermedades.

Ese bioshock programante tiene una estructura. Hacer una terapia orientada a la sanación exige conocer esa estructura con el fin de poder actuar sobre ella.

Hay un conflicto porque hay un preconflicto. Sin preconflicto no hay conflicto. El preconflicto es lo que hace posible el conflicto, lo que marcará la diferencia entre las reacciones de dos personas frente al mismo evento.

El preconflicto no procede necesariamente de un bioshock, lo crea el entorno, la educación.

Los preconflictos más importantes son las creencias limitantes, es decir, un sentido que ha sido útil en un momento dado para una persona dada, y que después quedó obsoleto.

Aguas arriba del preconflicto, en la raíz de todo, se encuentra la identificación con lo que yo no soy: mi trabajo, mi familia, mi reputación, mi casa, etc.

Las dos identificaciones más tenaces son el cuerpo y la historia.

Cuando te has desembarazado de toda identificación, eres libre, ya no eres nadie, ya no tienes nada. Los verbos ser y tener han desaparecido para siempre jamás, cediendo el sitio a la eternidad de la conciencia impersonal no separada y no identificada.

En efecto, tratar los conflictos candado *estructurantes* significa terminar con los tres elementos que nos hacen tropezar en nuestra vida:

1. **Nuestra historia personal.** Cuando dejamos de estar en *nuestra* historia, estamos en el momento presente.
2. **La identificación.** Cuando dejamos de estar en la identificación, estamos en nuestra esencia.
3. **La idealización.** Cuando dejamos de estar en la idealización, estamos en la realidad.

*　*　*

Creé la descodificación biológica en 1993, una nueva forma de psico-terapia orientada hacia la transformación del cuerpo pasando por los códigos biológicos y la historia emocional. Eso cambió el destino de pacientes agradecidos. No obstante, yo nunca tuve la intención de hacerlo, se hizo.

Desde entonces, la he enjambrado hasta el día de hoy en 24 países, permitiendo a mujeres y a hombres convertirse en psico-bío-terapeutas y así ayudar a sanar a miles de mujeres y de hombres…

¿Qué otra cosa puedo desear como realización?

Ni siquiera podía soñarlo o imaginarlo, hasta tal punto fue mi infancia una sucesión de fracasos escolares, de humillaciones familiares, de dejarme de lado socialmente; en el mejor de los casos, de negligencia, y en el peor, de múltiples violencias. Esto provocó en mí falta de confianza, deseos de morir, sensación de ser idiota, de estar incompleto, de ser inútil, incompatible con el género humano, rayano con el autismo, con la locura. Y después, finalmente, todo, o casi, se transformó, se perdonó y quedó sanado, es decir, evolucionó hacia lo que soy hoy y de lo que no podía tener idea.

«Así que te tomo en mis brazos, mi adorable bebé, mi pequeño Christian y te estrecho amorosamente contra mí, y te lo digo con mi mirada y mis caricias, y toda mi sinceridad, te amo, Christian. Te amo a ti, íntegro, tal como eres, sin retirar o añadir ninguna cosa, ¡y me quito el sombrero ante ti! ¡Bravo! Vas a salir adelante realmente bien, como no tienes ni idea. Me siento en el suelo junto a ti, Christian, cuando tú juegas solo a los cochecitos y nos reímos los dos. Me deslizo en tu cama, ahora tienes 8 años y tu respiración está preñada de secretos, te cuesta respirar, y yo sé lo que estás viviendo, que no es fácil, sí, crees que vas a morir pronto. Tienes la convicción, la certeza de que no superarás la edad de tus 20 años. Eso pesa demasiado, es demasiado duro. Estoy aquí y te amo aunque creas que nunca le interesarás a nadie…

»Y te miro también sentado en el autobús que te lleva hacia el aburrimiento, hacia el centro de formación profesional, a través de la lluvia, a través de la nieve, mal sentado en tu asiento. No digo nada, pero te miro muy especialmente. Tú lo percibes, lo sé. Esto no es muy consciente, pero un poquitín sí, de todos modos. Sí, detrás de la desesperación, de la nada, el absurdo, la locura, está esa cosita que marca toda la diferencia, tú lo sientes, ¿verdad?, y gracias a eso retrocedes, no te arrojas al agua de la bahía de Arcachon, esa noche, porque en algún lugar del mundo hay un poco de calor, luz y amor.

»Yo estaba contigo en todo lugar y en todo tiempo. En el útero, sí, ahí también. Antes de tu concepción, incluso, como después de tu muerte, estaré ahí y tú lo sabrás».

HAS DE SABER QUE...

El primer cuerpo es **biológico,** apegado a la tierra. Su palabra es «Necesito…». Su núcleo es adaptación. Tierra. ¡Evoluciona!

El segundo cuerpo es **psíquico,** atado a mamá y a papá. Su palabra es «Me acuerdo de…». Su núcleo es imaginación. Aire. ¡Vuelve a lo real!

El tercer cuerpo es **emocional,** anudado a la ilusión del yo. Su palabra es «¿Me amas?». Su núcleo es el arte. Agua. ¡Exprésate!

El cuarto cuerpo es **mental,** dependiente de lo virtual. Su palabra es «Yo creo que…». Su núcleo es la ciencia. Fuego. ¡Suelta!

El quinto cuerpo es **espiritual,** desligado, libre. Su palabra es «Soy». Su núcleo es consciencia. Nueva Tierra. Nuevos Cielos. Fuente viva. Luz.

Lo eres todo cuando no eres nada.

EPÍLOGO

«Lo eres todo cuando no eres nada», me murmura una voz interior. «Bébetelo todo, no dejes nada…», me canturrea una voz exterior…

Unas cuantas decocciones más tarde, renacen algunos detalles: el instante fulminante de mi muerte con un murmullo de oración por último aliento: «Heme aquí». La película remonta el curso del tiempo. Mis tres hijos, a los que no he amado bastante; sí, pero ¿se lo he expresado lo suficiente? No. Mi padre cruel y mi profesión que me ha colmado. Imagina, terapeuta, profesor, escritor, director, investigador, creador, todo esto en la misma vida.

Tendido en el sofá del chamán, amigo de la comunidad ecológica del oeste, descubro haber sido un hombre que vivía en Francia y recorría el globo. A partir de ahí, la noción de país desapareció al mismo tiempo que los políticos y otros asesinos en serie. ¿Cuál fue el sentido de esa vida pasada? Creador de una nueva terapia… Pero también y sobre todo convertirte en padre. Eso es lo que señala con el dedo el sacerdote-terapeuta: «Fuiste genitor, creador, papá, mamá, madre, amigo, guía, mentor, profesor, pero nunca padre, por falta de modelo. De modo que regresaste a este mundo, al universo de las identificaciones, para vivir eso». En ese instante una energía formidable penetra en la choza de madera. El arquetipo del padre acepta la invitación del sacerdote-chamán con el fin de transmitirme la evidencia de que el amor (¿qué, si no?) puede existir ahí también: ¡en la situación de padre! Eso es para mí una revolución, una conmoción.

Inmediatamente me dejo consumir, como un matorral de espinas, seco y áspero, cuyas cenizas un día se convertirán en flores, frutos, colores, sabores, perfumes.

El sacerdote encargado de mi despertar barre cuidadosamente el suelo, recoge las cenizas, las entierra y luego recibe a la próxima paciente. Una mujer que ha venido a descubrir, ella también, en su vida presente, o pasada, en su alma, en su cuerpo, allí donde el amor estuvo ausente, allí aparece el sufrimiento.

GRATITUD

A vosotros que, sin saberlo, sin quererlo, habéis cambiado mi vida y que no la necesitáis, os envío a pesar de todo toda mi simple gratitud:

pioneros que percibís despuntar a la aurora antes que nosotros, durmientes ociosos,

despiertos arrasadores que sin indulgencia nos ponéis delante de la nariz nuestro gusto por huir de lo real,

personas cualesquiera, felices sin causa exterior,

terapeutas, formadores, amigos, como tantas ventanas abiertas hacia los multiversos cuya existencia yo ignoraba.

BIBLIOGRAFÍA

CERCANA A LA DESCODIFICACIÓN BIOLÓGICA

DAILLIE, L.: *La logique du symptôme*, Ediciones Bérangel.

GUINÉE, Dr. Robert, *Et si les maladies étaient des mémoires de l'évolution*, Ediciones Néosanté.

MARTEL, Jacques, *Le grand dictionnaire des malaises et des maladies*, Ediciones Quintessence.

OBISSIER, Patrick, *Décodage Biologique et destin familial*, Ediciones Le Souffle d'Or. [trad. cast.: *Descodificación biológica y destino familiar*. Barcelona, Eds. Obelisco, 2018].

SCALA, Hervé y Mireille, *Des ancêtres encombrants?*, Ediciones Le Souffle d'Or.

SELLAM, Salomon, *Mon corps est malade, il serait temps que je parle*, Ediciones Bérangel.

—: *Principe de psychosomatique clinique*, Ediciones Bérangel.

THOMAS-LAMOTTE Dr., *Et si la maladie n'était pas un hasard*. Ediciones Le jardin des Livres.

VEREECK, Estelle, *Dictionnaire du langage de vos dents*, Ediciones Luigi Castelli.

ZAMMIT, Jean-Michel, *Nomen Animae*, autoedición.

CERCANA A ERICKSON

Rossi, Ernest, *Psychobiologie de la guérison,* Ediciones Le Souffle d'Or.

Haley, Jay, *Un thérapeute hors du commun : Milton H. Erickson.* Ediciones Desclée de Brouwer.

Bandler, Richard, *Un cerveau pour changer,* InterÉditions.

AUTORES VARIOS

Carothers, Merlin, *Puissance de la louange.* Ediciones Foi et Victoire. [trad. cast.: *La alabanza da resultados.* Valdecavalls (Barcelona), Editorial Clie, 1980].

Claudel, Paul, *Jeanne au bûcher.* Ediciones Gallimard. [trad. cast.: *Juana de Arco en la hoguera.* México, Ediciones Finisterre, 1968].

Corneau, Guy, *Victime des autres, bourreau de soi-même.* Ediciones J'ai Lu. [trad. cast.: *Víctima de los demás, verdugo de sí mismo.* Barcelona, Editorial Kairós, 2006].

Dolto, Françoise, *Tout est langage.* Ediciones Gallimard, Folio Essais.

—: *L'Évangile au risque de la psychanalyse,* Ediciones du Seuil. [trad. cast.: *El Evangelio ante el psicoanálisis.* Madrid, Ediciones Cristiandad, S.A., 1979].

Grof, Stanislav, *Psychologie transpersonnelle.* Ediciones J'ai Lu. [trad. cast.: *Psicología transpersonal: nacimiento, muerte y trascendencia en psicoterapia.* Barcelona, Editorial Kairós, 1988-1994]

—: *Quand l'impossible arrive.* Ediciones Trédaniel. [trad. cast.: *Cuando ocurre lo imposible: aventuras en realidades no ordinarias.* Barcelona, Editorial La Liebre de Marzo, 2008].

Jodorowsky, Alejandro, *La danse de la réalité.* Ediciones Albin Michel. [trad. cast.: *La danza de la realidad : (psicomagia y psicochamanismo).* Madrid, Ediciones Siruela, 2004].

Jung, Carl Gustav, « Synchronicité, principe de relations acausales », *Synchronicité et Paracelsica.* Ediciones Albin Michel. [trad. cast.: *Paracélsica.* Barcelona, Editorial Kairós, 1989].

Lautréamont, *Les Chants de Maldoror.* Ediciones Le Livre de Poche. [trad. cast.: *Los cantos de Maldoror.* Madrid, Ediciones Cátedra, 2022].

Maharaj, Nisargadatta, *L'ultime guérison.* Ediciones Mortagne. [trad. cast.: *La medicina suprema.* Móstoles (Madrid), Editorial Gulaab, 2000].

MALLASZ, Gitta, *Dialogues avec l'ange.* Ediciones Aubier. [trad. cast.: *La respuesta del ángel.* Málaga, Editorial Sirio, 1990].

PEISSON, Édouard, *Le Quart de Nuit.* Ediciones Grasset. [trad. cast.: *El «Estrella de los Mares».* Barcelona, Eds. Montaner y Simón, S.A., 1945].

PINAULT, Claude, *J'ai choisi de me battre, j'ai choisi de guérir.* Ediciones Robert Laffont.

PRÉVERT, Jacques, *Œuvres complètes.* Ediciones Gallimard.

SALOMÉ, Jacques, *Car nous venons tous du pays de notre enfance,* Ediciones Albin Michel.

—: *Heureux qui communique,* Ediciones Albin Michel.

TOLKIEN, J. R. R., *Le Seigneur des anneaux.* Ediciones Pocket. [trad. cast.: *El señor de los anillos.* Barcelona, Círculo de Lectores, 1999].

TOLLE, Eckhart, *Le pouvoir du moment présent.* Ediciones Ariane. [trad. cast.: *El poder del ahora: una guía para la iluminación espiritual.* Móstoles (Madrid), Gaia Ediciones, 2024].

JUEGOS DE CARTAS

MILLOT, Florence, *Pour arrêter de râler.* Ediciones Contre-Dires.

DISCOGRAFÍA

The Beatles, obras completas.

CSN & Y, obras completas.

King Crimson, obras completas.

CADORÉ, Jean-Louis, *La solitude au fond des golfes clairs.*

RADIO

France Culture, Claude Mettra, *Les Chemins de la connaissance.*

TEATRO

Georges Baal

Didier Decoin

LIBROS MÍOS
En Ediciones Le Souffle d'Or

Mon corps pour me guérir (versión 2005) [trad. cast.: *El cuerpo como herramienta de curación: descodificación psicobiológica de las enfermedades.* Barcelona, Ediciones Obelisco, 2005].

Les protocoles du retour à la santé (coescrito con Philippe Lévy) [trad. cast.: *Protocolos de retorno a la salud.* Móstoles, Gaia Ediciones, 2014].

Croyances et thérapie (coescrito con Franck Olivier) [trad. cast.: *Creencias y terapia: cómo detectar y eliminar las creencias que nos limitan.* Móstoles, Ediciones Gaia, 2014].

Moi, malade, mais pourquoi? (coescrito con mi hija Claire) [trad. cast.: *¿Enfermo yo – pero por qué?: el sentido de las enfermedades desvelado a los jóvenes.* Barcelona, Ediciones Obelisco, 2014].

Santé? Ressentez! [trad. cast.: *Sentir para sanar: tus síntomas revelan tus engranajes secretos.* CreateSpace Independent Publishing Platform, 2016].

Le monde extérieur n'existe pas [trad. cast.: *El mundo exterior no existe.* Barcelona, Ediciones Obelisco, 2018].

Cris et murmures du corps (coescrito con Gérard Saksik) [trad. cast.: *Gritos y murmullos del cuerpo.* Barcelona, Ediciones Obelisco, 2021].

La maladie est un livre ouvert sur notre inconscient [trad. cast.: *La enfermedad es un libro abierto a tu inconsciente: del vacío a la vacuidad.* Barcelona, Ediciones Obelisco, 2022].

Descodificación biológica de los problemas:

- De piel [trad. cast.: *Descodificación biológica de los problemas de la piel: síntomas, significados y sentimientos.* Barcelona, Ediciones Obelisco, 2015].
- Oculares [trad. cast.: *Descodificación biológica de los problemas oculares: síntomas, significados y sentimientos.* Barcelona, Ediciones Obelisco, 2015].
- Respiratorios y ORL [trad. cast.: *Descodificación biológica de los problemas respiratorios y ORL: síntomas, significados y sentimientos.* Barcelona, Ediciones Obelisco, 2017].

- Neurológicos y endocrinos [trad. cast.: *Descodificación biológica de los problemas neurológicos y endocrinos: síntomas, significados y sentimientos*. Barcelona, Ediciones Obelisco, 2017].
- Ginecología y embarazo [trad. cast.: *Descodificación biológica: ginecología y embarazo: síntomas, significados y sentimientos*. Barcelona, Ediciones Obelisco, 2017].
- Cardiovasculares [trad. cast.: *Descodificación biológica de los problemas cardiovasculares: síntomas, significados y sentimientos*. Barcelona, Ediciones Obelisco, 2017].
- Digestivos [trad. cast.: *Descodificación biológica de los problemas digestivos: síntomas, significados y sentimientos*. Barcelona, Ediciones Obelisco, 2015].
- Óseos [trad. cast.: *Descodificación biológica de los problemas óseos: síntomas, significados y sentimientos*. Barcelona, Ediciones Obelisco, 2015].
- Inmunidad, hematología, andrología y urología [trad. cast.: *Descodificación biológica: hematología, inmunología, urología y andrología: síntomas, significados y sentimientos*. Barcelona, Ediciones Obelisco, 2017].

Décodage Biologique des maladies: l'encyclopédie [trad. cast.: *Descodificación biológica de las enfermedades: enciclopedia de las correspondencias entre síntomas, significados y sentimientos*. Barcelona, Ediciones Obelisco, 2015].

Le Roy se crée (agotado)

L'instant de la guérison (coescrito con Jean-Jacques Lagardet) (agotado) [trad. cast.: *El instante de la sanación*. Barcelona, Ediciones Obelisco, 2024].

En Ediciones Amrita

La médecine sens dessus-dessous (coescrito con Giorgio Mambretti) [trad. cast.: *La medicina patas arriba: ¿y si Hamer tuviera razón?* Barcelona, Ediciones Obelisco, 2010].

En Ediciones Bernet Danilo

Le Décodage Biologique – presentación breve [trad. cast.: *Descodificación biológica*. Barcelona, Ediciones Obelisco, 2011]

En Ediciones Bérangel

Aujourd'hui l'aventure (poemas)

En autoedición

Les coulées claires du langage (poesías)
   Intruse ou invitée par la vie, poemas sobre fotos de Christine Claude.

CD

Histoires à déclics, Ediciones Le Souffle d'Or.
   Histoires à ouvrir, Ediciones Le Souffle d'Or.

   Cuentos (en español)

   Ballades au clair de plume, CPEM de Borgoña

Índice

Otros títulos del autor

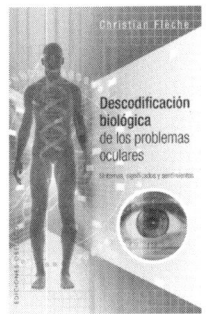
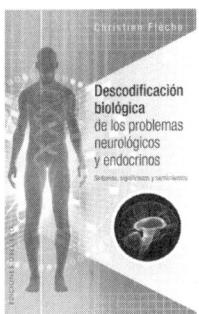
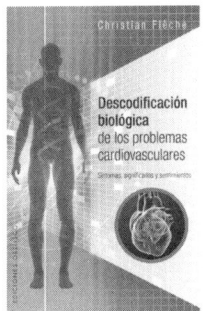

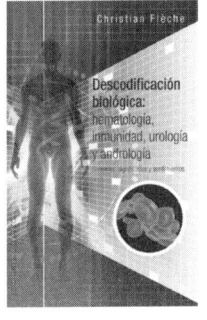
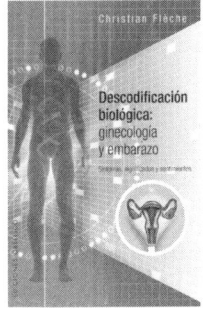

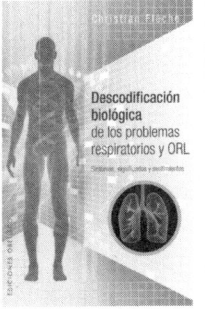
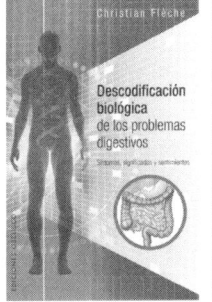
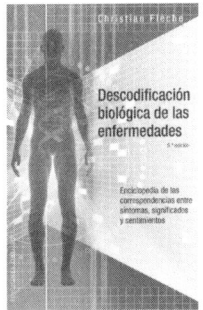